JN298216

イラスト版
発達障害児の楽しくできる感覚統合

太田篤志 [著]
[姫路獨協大学医療保健学部客員教授]

感覚とからだの発達をうながす生活の工夫とあそび

合同出版

●●● この本を読むみなさまへ

　感覚統合療法は、発達障害児のための療法の一つとして考え出され発展してきました。現在では、多くの医療機関（主に作業療法）や療育施設、特別支援学校などで活用されています。しかし、子どもたちの感覚統合は、療育施設や教育の場だけで生じているのではなく、日常の生活のなかで絶えず生じています。つまり子どもたちの感覚統合機能を育むためには、そのような特別な場面だけでなく、日常生活のなかに感覚統合のエッセンスを織り込んでいくこと、つまり感覚統合ライフスタイルを実践することが大切です。

　子どもたちの生活は、あそびや、食事や入浴、着替えなど日課などの時間があります。このような生活のなかの当たり前のことのなかには、感覚統合を育む要素がたくさんあるのです。このことに、まずは保護者の方が気づき、そして上手に活用することで、それぞれの子どもたちに合った感覚統合の発達を促すことができるでしょう。感覚統合は、訓練室にある特別な道具を使わないとできないものではありません。日常生活のなかでのちょっとした取り組み、配慮、気遣いは、訓練室以上の効果を期待できることもあります。なによりも日常的におこなうこと、つまり頻度が高いことが、感覚統合機能の発達に好影響を与える可能性があるのです。

　感覚統合は、特別なことではありません。身近にある感覚統合を無理なく自然体で取り組みましょう。感覚統合の考え方に基づく子育ての発想法は、子どもにとって楽しいあそびや生活を見つけ出す鍵となることもあるでしょう。

　感覚統合の「見方」「考え方」「やり方」が取り入れたライフスタイル、感覚統合ライフスタイルで、楽しさから始めてみませんか。

姫路獨協大学客員教授
太田篤志

● もくじ

この本を読むみなさまへ

第1部　感覚統合を育むライフスタイル

① 感覚統合ってなに？……………**8**
② 感覚統合に苦手さがある子どもたち……………**11**
③ 感覚統合を育むライフスタイル──8つのポイント……………**14**

第2部　感覚統合を育む 子どもに合わせて選ぶあそび 14のポイント

① 感覚を堪能するあそび
　　　1　揺れや回転を楽しむあそび……………**20**
　　　2　グッと力の入る感じを楽しむあそび……………**20**
　　　3　触って楽しむあそび……………**21**
　　　4　見て楽しむあそび……………**21**
　　　5　聞いて楽しむあそび……………**22**
② ちがいを感じるあそび
　　　6　感触のちがいに気づくあそび……………**23**
　　　7　手先の力加減を操作するあそび……………**23**
③ 体の土台をつくるあそび
　　　8　姿勢を保つあそび………**24**
　　　9　身のこなしを促すあそび……………**24**
④ 器用さを発達させるあそび
　　　10　手先を動かすあそび………**25**
　　　11　手足を一緒に動かすあそび……………**25**
　　　12　流れやタイミングを合わせるあそび……………**26**
　　　13　遊具や道具を使ったあそび……………**26**
⑤ 企画力を高めるあそび
　　　14　自分でイメージし、試行錯誤するあそび……………**27**

第3部　感覚統合に満ちたライフスタイル

① 日常生活をくふうする……………**30**
② 家の中にリラックスできる空間をつくる……………**37**

③ 習い事で体験の機会を広げる……………40

第4部　感覚統合を育む
　　　 やってみる12種類の室内あそび

① 親子でふれあうくすぐりあそび……………44
② 感触のちがいを楽しむあそび……………47
③ 親子でふれあう揺れあそび……………49
④ 揺れる乗り物あそび……………52
⑤ クルクルめまいあそび……………53
⑥ バランスあそび……………55
⑦ 家の中で障害物競走あそび……………57
⑧ 親子でふれあう体あそび……………60
⑨ ビリビリ、紙あそび……………62
⑩ 触ってかんがえるあそび……………64
⑪ おはじき・お手玉・あやとりあそび……………66
⑫ 音楽で楽しむ体あそび……………68

第5部　感覚統合を育む
　　　 やってみる17種類の外あそび

① 砂場あそび……………76
② すべり台あそび……………80
③ ブランコあそび……………82
④ ジャングルジムあそび……………84
⑤ 乗り物あそび……………86
⑥ 投げっこあそび……………89
⑦ 缶ぽっくりあそび……………92
⑧ ケンケンパあそび……………94
⑨ なわとびあそび……………95
⑩ アスレチックあそび……………98

⑪ プールあそび……………100
⑫ 遊園地あそび……………102
⑬ 公園で木登りあそび……………104
⑭ スケート・ローラースケートあそび……………104
⑮ そりあそび・スキーあそび……………105
⑯ 乗馬体験……………105
⑰ 山登り体験……………106

使ってみよう・つくってみよう

感覚統合療法で使われている感覚グッズ……………108
手の器用さを育むおもちゃ……………111
手づくりおもちゃをつくる……………113

感覚統合療法とあそび……………118

あとがきにかえて

この本をご利用する上で

本書に掲載されているあそびは、子どもだけでおこなったばあい、危険を伴うものもありますので、保護者や支援者の監督下でおこなってください。感覚刺激は、子どもの体と脳に強い影響を及ぼすことがあり、子どもによっては悪影響がでることがあります。てんかん発作などがあるばあいは、光や揺れの刺激は発作を誘発する可能性もありますので、あそぶことができるものを医師に確認し慎重におこなってください。

第1部

感覚統合を育むライフスタイル

① 感覚統合ってなに？

❶感覚統合は、私たちと環境（外界）をつなぐシステム

　私たちは、感覚統合の働きによって、環境を知り、環境との関係を調整しながら生きています。感覚統合は、私たちと環境（外界）をつなぐシステム、脳と体の働きを統合する役割を果たしています。

　ご存知のように感覚には、五感と呼ばれている視覚、聴覚、触覚、味覚、嗅覚がありますが、これ以外にも、体の動きを感じる前庭覚、筋肉の状態を感じる固有受容覚などがあります。私たちは、この感覚によって外界と自分の体の状態を脳で感じ取り、その情報に合わせて、体がさまざまに働きます。

　たとえば、字を書く、いすに座る、転んだとき、跳び箱を跳ぶなど、あらゆる体の働きはどれも外界や自分の体から情報を受け取り、その情報をもとに体を適切に動かしているのです。字を書くためにはえんぴつの筆圧の情報を感覚器官で受け取って握る力や書く力をコントロールします。

　このように必要な情報を感覚器官から受け取って、適切な運動・動作とむすびつけること（統合すること）、つまり、感覚情報と運動をつなぐ機能が感覚統合の重要な働きの１つです。

❷感覚統合は、感覚と感情をつなぐ重要な機能

　２つ目の感覚統合の重要な働きは、感覚と感情をつなぐ機能です。

　たとえば、私たちは触覚、味覚、聴覚、前庭覚などによって肌触りのよい毛布、おいしいお菓子、美しい音楽、心地よいゆりかごなどといった情報を感じ取り、その情報が脳に「気持ちいい」という感情を生み出します。このように感覚統合は、感覚からの情報から感情を生じさせるとても大切な働きをします。この働きは、高いジャングルジムを登ったとき、怖さという感情を起こし、足がすくんで動けなくなるという不安な感情を生み出すこともあります。もし、不安という感情が出ないと、子どもたちはどんどん高いところに登っていってしまうにちがいありません。

「感覚」ってなに？

　五感と呼ばれている視覚、聴覚、触覚、味覚、嗅覚はなじみ深い感覚ですが、これ以外にも、体の動きを感じる前庭覚、筋肉の状態を感じる固有受容覚など、感覚統合の働きにとってとても重要な感覚があります。

前庭覚

　この感覚は、自分の体の動きを感じ取り、動きに応じて体のバランスをとることや、体の動きにともなって視野がずれないように眼球を動かします。片足を上げたまま靴下をはくこと、でこぼこの道を転ばないで歩くこと、景色を見ながら歩くことができるのも、前庭覚の働きがあるからです。

固有受容覚

　この感覚は、自分の体がどのような姿勢になっているのか、どの筋肉にどの程度の力が入っているのかを教えてくれる感覚です。私たちは、自分の手を見ていなくても、グーチョキパーなどの手の形をつくることができます。これは指の状態を固有受容覚が脳に伝えているからです。指の状態がわかれば、筋肉に情報を送って開いたり、閉じたりすることができます。

身の回りの情報と自分の体の情報

　感覚統合の働きは、身の回りの情報を伝える感覚（主に視覚、聴覚など）と自分の体の情報を伝える感覚（主に前庭覚、固有受容覚、触覚など）とがさまざまに組み合わさっておこなわれます。

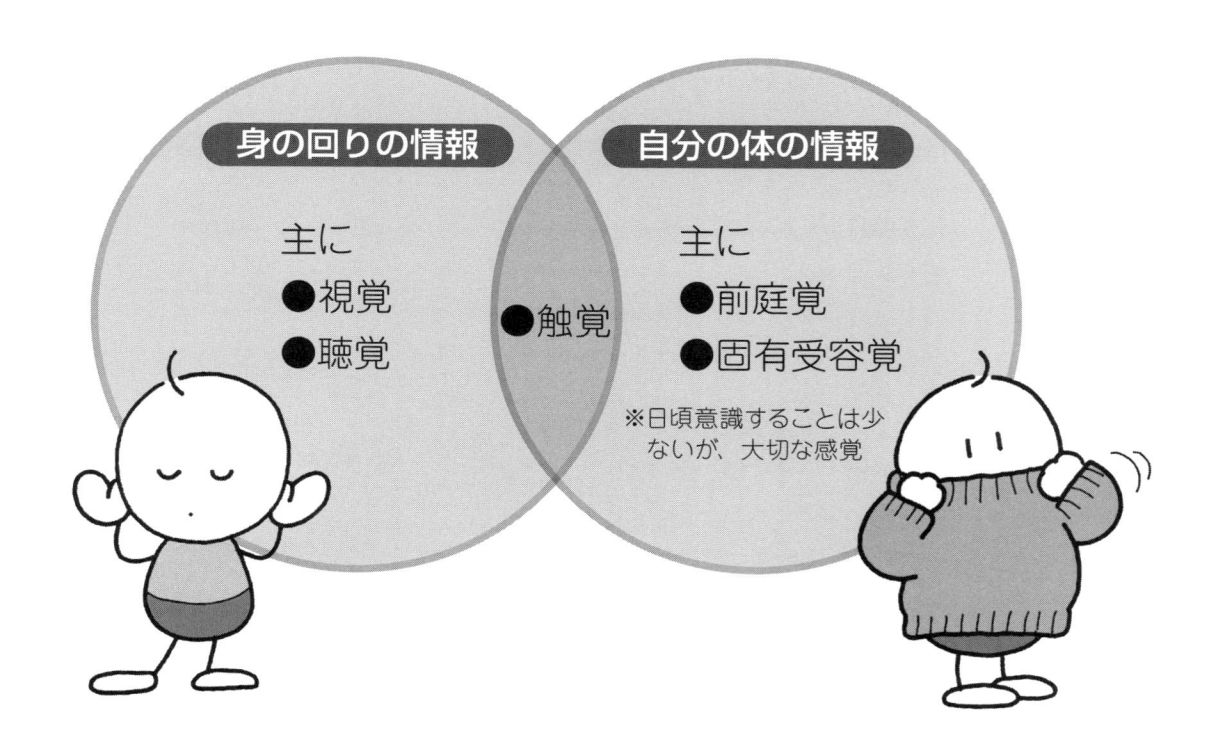

身の回りの情報
主に
- 視覚
- 聴覚

自分の体の情報
主に
- 前庭覚
- 固有受容覚

- 触覚

※日頃意識することは少ないが、大切な感覚

② 感覚統合に苦手さがある子どもたち

❶感覚過敏の子ども（感覚過敏）

　私たちにとって何気ない触感や音を過度に怖がる子どもがいます。触覚が過敏な子どもは、ベタベタしたものが嫌だったり、洗顔やシャワーを嫌がることもあります。音に過敏な子どもは、集団やにぎやかな場所に行きたがらないこともあります。

❷感覚刺激を求める子ども（感覚探求）

　ある感覚刺激を過剰に求める子どもがいます。走り回ったり（多動）、高い所からのジャンプをくり返す、ブランコあそびに執着する、また触ることへの強い要求が生じると、泥んこあそびや水あそびなどに没頭する子どももいます。これは、動きの感覚（前庭覚）や筋肉の感覚（固有受容覚）の刺激を強く求めているからで、感覚の受け取り方に偏りがあるとかんがえられています。

❸感覚が区別しにくい子ども
　（判別性の未熟さ）

　脳が受け取った感覚の情報を、的確に区別できない子どもがいます。自分の体に触られたとき、どこを触られているのかがわかりにくかったり、自分が触っているものの感触がわかりにくい子どももいます。
　たとえば、本のページをめくるときには、指先へのわずかな感触を手がかりに指を動かすので、紙のわずかな感覚が判別できないと、本がうまくめくれません。紙コップのようなやわらかい容器を持つときには力加減が大切ですが、力加減が苦手な子どもは、紙コップをつぶしてしまうかもしれません。

❹姿勢を保つことが苦手な子ども
　（姿勢保持機能の未熟さ）

　体がクニャクニャした感じでだらしなく見える姿勢をしたり、おなじ姿勢を一定の時間保つのが苦手な子どもは、体の筋肉が柔らかかったり、バランス機能が成熟していないために、一定の姿勢を保つことができません。

❺物によくぶつかる子ども
　（身体図式の未熟さ）

　机やドア、階段、鉄棒などなんでもないものにぶつかるなど、身のこなしが不器用な子どもがいます。体の感覚（動きや位置、筋肉や皮膚からの情報）が的確に把握できないため、自分の体を空間の中でうまく動かすことができないとかんがえられています。

❻複雑な動きができない子ども
　（両側統合・順序立てた予測動作の未熟さ）

　利き手で箸を動かし、反対の手でお茶碗を持ってご飯を食べる動作は、左右の手の役割分担をおこない、同時に動かすという両側統合の働きが十分でないと、食べこぼしなくご飯を食べることがむずかしくなります。また、なわとびのように、左右の手を同時に回し、連続してジャンプするといういくつかの動作を組み合わせておこなう運動が苦手な子どもがいます。「同時に……」「連続して……」という、いくつも運動をあらかじめ予測して順序立てておこなうことがうまくできないという特徴は、感覚統合が十分に発達していない子どもたちによく見られる特徴です。

❼あそびが広がらない子ども
　（企画力の未熟さ）

　いつもおなじあそびをくり返ししたり、失敗したときにやり直しながら試行錯誤することが苦手な子どもがいます。

　たとえば、新しいあそび場やおもちゃであそぶためには、「それを使ったあそびのアイディアが思い浮かぶこと」、つぎに「あそびに含まれる動作を、頭のなかで順序よく組み立てプランを練ること」「そのプランに従って体を動かすこと」が必要です。もしうまくできなければ、アイディアやプランを修正する必要もあります。

　このような「企画力」は、さまざまな事態に柔軟に対処していくために必要な力で、自分の力で喜びを見つけ出していくためにも不可欠な能力です。

③ 感覚統合を育むライフスタイル
——8つのポイント

❶ さまざまな感覚を生活のなかに取り込もう

　ふだんの生活のなかで子どもたちがさまざまな感覚にふれあうことができるように心がけましょう。

　室内で運動あそびをするときには裸足(はだし)になることで足裏からの感覚が入ってきます。工作をするときにはスティック状ののりを使わずチューブやビンに入ったものを使うと指で感触を体験できます。お絵描きはペンや筆だけでなく、指や手を使ったフィンガーペインティングもおすすめです。

　ちょっとした配慮で、子どもたちが体験できる感覚の範囲が広がります。

❷ 苦手な感覚を無理矢理慣れさせようとしない

　でも、子どもたちが嫌がる感覚を押しつけないでください。感覚に慣れさせようと、無理矢理刺激を与えても、脳では感覚情報をうまく処理できません。脳のなかでの情報処理が止まってしまって、パニックを引き起こしたり、その感覚を嫌がるようになってしまうこともあります。

　まず、周囲の大人が子どもの苦手な感覚を知り、できるかぎり苦手な感覚刺激を取り除いてやることです。子どもが受け取りやすい感覚もあります。そのような感覚を見つけて、受け取りやすい感覚を広げていくような配慮やくふうが大切です。

❸好きな感覚を楽しめる環境と時間を与える

　たくさんの感覚刺激を必要としている子どもたちは、ダイナミックなあそびを好み、見ているほうがハラハラするようなことをします。

　このようなばあいも大人はただあぶないと禁止するのではなく、万が一落ちたときにも大丈夫なようにクッションを準備するなど安全面の対応に力を注ぐことが必要です。

　またあそびに夢中になって、なかなか終われないこともあります。たくさんの刺激が必要な子どもには、満足するまで通常の何倍もの時間がかかることを理解して、時間の配分をかんがえます。野外あそびも着替えを準備しておけば、「洋服が汚れる」という禁止の言葉も減るはずです。

　しかし、どうしてもしてほしくないあそび方もあります。そのようなあそびに向かったばあい、「だめ」と止めるのではなく「こんなふうにしたらもっと楽しいよ」と具体的に適切なあそび方を教えます。

❹子どもが楽しむ気持ちを第一に！

　あそびは、子どもたちのさまざまな発達を促す力を持っています。砂あそびは触覚の能力を高め、スコップの穴掘りは手足の操作性を発達させます。

　しかし、子どもたちにとってのあそびは、なにかを発達させるためのもの手段ではなく、あそびそのものが目的なのです。大人が、あそびの効果ばかりに注目して、その結果を求めはじめると、子どもたちは興ざめします。あそぶときには、一緒に心から楽しんでください。子どもたちにとって、あそびは楽しいから意味があるのです。子どもが本当に楽しくあそんでいるとき、子どもたちの脳は最適な状態となり、感覚統合の発達を促します。

❺子どもが好きなことからはじめてみる

　大人があそびを用意することが多いとはいえ、子どもが主体的にあそぶことが重要です。

　子どもたちが主体的にあそぶには、子どもたちが好きなあそびを用意することです。日頃から、どのようなあそびをしているか、観察しましょう。

　子どもたちが好んでおこなっていること（これには奇妙な行動やいわゆる問題行動も含まれます）を注意深く観察していると、子どもたちが求めている感覚（たとえば、触れたい、ぐるぐる回りたい、圧迫されたいなど）を見つけることができます。子どもの行動から価値観や志向性をていねいに読み取ることが重要です。

　大人がさせてみたいあそびを強要することでも、子どもはそれなりにあそびますが、自分であそびをかんがえ・おこなう〈あそびの企画力〉は育ちません。子どものためのあそびを促すコツは、「強要することなく、誘惑する」ことです。

❻ほどよいチャレンジを大切に

　あそびに必要な能力が、自分の能力を明らかに超えているばあいや明らかに簡単すぎるばあい、子どもはそのあそびには興味を示さなくなります。

　ほんのちょっとがんばると達成できるレベルのあそび、〈ほどよいチャレンジがある〉あそびが必要です。大きな挑戦が苦手な子どもが多く、途中で挫折し、敗北感を味わうことになりかねません。たくさんの小さな達成感を積み上げること、それは自分の能力に対する自信（自己効力感）を育てます。

❼子どもが安心して気持ちよくあそべる環境

安心してあそぶには、物理的に安全な環境だけでなく、心の安全も重要です。信頼できる大人の存在、安心できる大人の支援など、情緒的にも安定できる環境が必要です。子どもとあそぶときには、あそんであげる関係から、一緒に楽しむ、楽しみを共有する関係を心がけます。

❽手伝いすぎないこと

中国に「ある人に魚を1匹与えれば、その人は一日食える。魚のとり方を教えれば、その人は一生を通して食える」ということわざがあります。大人が助けることは簡単ですが、子どもたちが試行錯誤できるように促すことが大切です。

たとえば、登ってみたい台があるときには、自力で登れるように踏み台を用意します。そうすることで、子どもは自分で問題を解決し、あそびを発展させる力を身につけていきます。

第2部

感覚統合を育む
子どもに合わせて選ぶあそび
14のポイント

感覚統合の働きが未熟な子どもたちには、その特徴に合わせてあそびを選びます。感覚統合をうながすあそびには、大きく2つの重要な要素があります。
- ●感覚を堪能するあそび──子どもが求めている感覚をたくさん体験する
- ●機能を向上させるあそび──子どもの苦手な部分の機能を高める

感覚統合に苦手さがある子どもにも、さまざまな特徴があります。それぞれの特徴に合ったあそびや生活のくふうをしましょう。

① 感覚を堪能するあそび

　感覚刺激を求める子どもにとって、感覚は楽しさの源です。生活のなかが好きな感覚で満たされてくると、楽しく心地よい生活になるでしょう。はじめは感覚刺激そのものを楽しむことも多いと思いますが、じょじょに大人と一緒にあそぶ楽しみにつながったり、将来の趣味のきっかけになることもあります。

1 揺れや回転を楽しむあそび

　前庭覚は、自分の体の揺れやスピード感、傾きを感じる感覚で、体のバランスや姿勢を保つことなどに関係しています。この感覚が感じにくいばあい、絶えず自分の体を回転させたり、走り回ったりするような行動が見られることがあります。逆に過敏なばあい、揺れる遊具に乗ることを怖がったりすることがあります。

　◎つぎのような子どもにおすすめです。
- いつも走り回っている子ども
- くるくる回ることが好きな子ども
- ブランコやすべり台が好きな子ども
- 高いところが好きで、よく登っている子ども

2 グッと力の入る感じを楽しむあそび

　固有受容覚は、筋肉や関節からの情報（筋肉の圧迫感や引き伸ばされた感じ）を感じる感覚です。トランポリンで跳ねるとき、体をぎゅっと抱きしめられるときなどに刺激されます。この感覚が感じにくいばあい、絶えず飛び跳ねているような行動が見られることがあります。

　◎つぎのような子どもにおすすめです。

- トランポリンや床で飛び跳ねることが好きな子ども
- つま先立ちで歩くことが好きな子ども
- 体の一部をくねくねさせるような動きをよくしている子ども
- ふとんやクッションの下に入り込むことが好きな子ども
- かたい食べ物や、食べ物ではない物を噛むことが好きな子ども

3 触って楽しむあそび

　触覚は、触ったり・触られたりすることを感じる感覚です。たとえば、ガラスの破片を踏んだときや虫に刺されたときに自分の体を守るため適切な反応を起こすために不可欠な感覚です。触覚は情緒的な安定、自分の体のイメージをつくるなどの役割があります。

　この感覚が感じにくいばあい、いろいろな物に頻繁に触る行動が見られることがあります。逆に過敏なばあいは、人に触れられることを嫌がったり、はじめて見るものになかなか触れようとしないなどの行動が見られます。

◎つぎのような子どもにおすすめです。
- 泥んこあそびや砂あそびが好きな子ども
- 食べ物や身の回りの物を手で触り感触を楽しんでいる子ども
- 体が汚れることに無頓着な子ども

4 見て楽しむあそび

　輝くもの、回るものなどを見ることがとても好きな子どもたちがいます。このような楽しみ方は、子どもが孤立することにつながるという考えもありますが、自閉症児にとって自分自身を落ち着かせる大切な刺激になっています。そのような刺激を楽しめる場所や時間をバランスよく与えることが大切です。

◎つぎのような子どもにおすすめです。
- クリスマスツリーのライトの光や輝きを好む子ども
- 換気扇や扇風機など、くるくる回るものが好きな子ども
- 幾何学図形や格子模様、マークなどにこだわりがある子ども

5 聞いて楽しむあそび

　音は、音楽として多くの子どもたちが楽しむことができる反面、過敏な子どものばあい、音によって不安感が生じたり、周囲のあらゆる音に反応し集中が妨げられることがあります。音の過敏さがあるばあいでも、好きな音があることもありますので、そのような音から楽しみを広げていきましょう。

　◎つぎのような子どもにおすすめです。
- 音楽が好きな子ども
- 物を叩いたり振ったりして音を出すことが好きな子ども
- コマーシャルの音楽や言い回しにこだわる子ども

ちょっと気をつけて

●感覚あそびと上手に付き合う方法

　感覚刺激を求める子どもたちは、そのことが生活のなかで問題を生じさせることもあります。水の感触が好きな子どもが、いつまでも洗面所であそび続けたり、部屋中を水浸しにしてしまったりすることがあるかもしれません。感覚を堪能するあそびは大切なことですが、それはなんでもしていいということではありません。水あそびをしてもよい時間、場所、あそび方などを決めて、そのなかで十分に堪能できるようなサポートが必要です。水を触ることが好きな子どもの保護者の方がお風呂掃除のお手伝いを教え、それが生活のなかで役だっている方もいます。子どもが好きな感覚を、生活のなかでうまく取り入れるくふうが大切です。

② ちがいを感じるあそび

　感覚統合は、まず感覚刺激を受け取ることからはじまります。次にその刺激がどのような特徴のものかを判別し、それが何であるのかを判断します。ちがいを感じ取ることは、自分の体や身の回りの世界を知る第一歩となります。色々な刺激に触れ、それを判別していく力を育みましょう。そして細かな刺激のちがいを手がかりに運動をしていく力加減の能力を育むことで、ちがいに応じた動作を獲得することができるでしょう。

6 感触のちがいに気づくあそび

　物に触って（触覚・固有受容覚）、身の回りの物への理解を促すあそびです。触った物の感触で、それが何であるのかを判断させます。
　◎つぎのような子どもにおすすめです。
- 指先の感覚が鈍い子ども
- 細かいものをつまむことが苦手な子ども

7 手先の力加減を操作するあそび

　手先の力加減を調整し細やかな操作をする運動を促すあそびです。手先の力の微調整は、固有受容覚の感覚によっておこなわれています。この感覚がうまく働かないと、自分の手にどのくらい力が入っているのかがわかりづらくなり、力を入れすぎたりすることがあります。卵や豆腐をそっと持つようなとき、このような能力が必要になります。
　◎つぎのような子どもにおすすめです。
- 壊れやすいものをそっと持つことが苦手な子ども

③ 体の土台をつくるあそび

　普段あまり意識することはありませんが、地球上で生活している私たちは、絶えず重力の力に逆らって体を起こしたり姿勢を保ったりして、3次元の空間を移動しています。このような体の機能は、全身の運動をするうえで土台となる機能です。体を支えておくための筋肉の働きやバランス機能、環境に対して自在に対応できる身のこなしを身につけ、体の土台を育みましょう。

8 姿勢を保つあそび

　バランスを保つことを促すあそびです。バランスは、傾いた自分自身の体を無意識（時に意識的）に、必要な筋肉に力を入れて、立て直し、保持する働きです。
　バランス能力が未熟だと、物につまずいて転びそうになったとき、とっさに足を踏み出したり手をついたりすることができず、顔を地面にぶつけることになります。私たちがある姿勢を保つときには、重力に負けないよう自動的に筋肉が収縮していますが、この能力が未熟な子どもは、姿勢が悪く、机にうつぶせになることがあります。
　◎つぎのような子どもにおすすめです。
- 背筋を伸ばしていすに（長時間）座ることができない子ども
- 片足立ちが苦手でよくつまずいたり転んだりする子ども
- ブランコでうまく体を支えておくことができない子ども

9 身のこなしを促すあそび

　立体的な空間のなかで自分の体を移動させたり、手足を操作することを促すあそびです。身体図式の成熟を促します。ジャングルジム、さまざまなアスレチック遊具でのびのびとあそばせます。
　◎つぎのような子どもにおすすめです。
- 家具や遊具に、よく体をぶつけている子ども
- アスレチック遊具で、手や足を置く場所に戸惑い、どのように進めばよいのかがわかりにくい子ども

④ 器用さを発達させるあそび

　器用に体を動かすためのポイントとして、感覚統合では、左右の手足を一緒に協調して動かす力やタイミングよく動作する力などを育むことを大切にしています。このような力が高まることで、運動や動作がよりスムーズに効率よく、スピーディにおこなえるようになるでしょう。しかし、これらの力は感覚統合の発達のなかでも高度なものですので、苦手な子どもが多い活動でもあります。できる範囲で少しずつ取り組んでいきましょう。

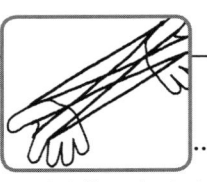

10 手先を動かすあそび

手や指の細かな動きを感じながら、手先の器用さを高めるあそびです。
◎つぎのような子どもにおすすめです。
- 手あそびや手の模倣（じゃんけんなど）が苦手な子ども
- あやとりや折り紙、ブロックが苦手な子ども

11 手足を一緒に動かすあそび

　両手、手と足など、いくつかの体の部分を、同時に協調して動かすことを促すあそびです。この能力が未熟な子どもは、左右の手をうまく合わせて使うことができず、バラバラに使うことがあります。このようなばあい、まず左右の手を一緒におなじように動かすあそびをマスターしてから、右手と左手が別々な役割を持つあそびに移行していきます。
◎つぎのような子どもにおすすめです。
- 両足跳びがうまくできない子ども
- 手あそびで、両手の使い方が混乱してしまう子ども
- 紙を持ってハサミを使うことが苦手な子ども
- 茶碗を持ちながら食べることが苦手な子ども

12 流れやタイミングを合わせるあそび

　あそびのなかにいくつかの段取りがあり、その順序でおこなっていくことが必要なあそびです（順序立てた予測動作）。複雑なあそびになるほど、「これをして」「つぎにこれ」「さらにこれ」というように行程が長くなります。これが苦手な子どもは、あそびがすぐに途切れたり、見通しのない行動になります。各行程を、周りの物の動きや音に合わせてタイミングよく動作することも大切です。

　◎つぎのような子どもにおすすめです。
- 見通しを立てる力が弱い子ども
- なにかをおこなうとき、段取りが前後してしまう子ども（たとえば、パンツをはく前にズボンをはいてしまうなど）
- 飛んでくる（転がってくる）ボールを取るのが苦手な子ども

13 遊具や道具を使ったあそび

　遊具や道具の特徴を理解して、自由自在に扱うことを促すあそびです。
　◎つぎのような子どもにおすすめです。
- 箸やスプーンを上手に使いこなせない子ども
- 道具のちがいによって、うまく使い分けができない子ども
- 幼児用車や三輪車をうまく操れない子ども

⑤ 企画力を高めるあそび

　感覚の楽しさの気づきがふえ、体の土台・器用さなどが育まれてくると、子どもたちは自分ができるあそびを柔軟に思いつくようになってくるでしょう。感覚統合療法で大切にしていることは、感覚と運動の力を育むことだけではありません。そのような力が高まることによって、生活のなかで、自ら楽しさを見いだしていくこと、つまりあそびの企画力を育むことが大切です。

14 自分でイメージし、試行錯誤するあそび

　目の前にある物や状況から、自分ができるあそびを具体的に思いつくこと、そして思いついたことを、試行錯誤しながらおこなうことを促すあそびです。またはじめにかんがえついたあそびを柔軟に変えていくことも大切です。なじみのない遊具に対して、自分であそびをイメージし、それを試行錯誤していく体験は、新しい場面での適応力やはじめて挑戦する物事に取り組む能力を高めます。

　◎つぎのような子どもにおすすめです。
- ・新しいおもちゃのあそび方がわからず戸惑う子ども
- ・あそび方がいつもおなじで、変化が乏しい子ども

ちょっと気をつけて

●子どもには大人の意図を意識させない

　感覚統合のあそびをするときに、大人は、子どものさまざまな機能を高めたいという思いがあるでしょう。しかし子どもは、バランス機能を高めるためにあそんでいるのではなく、この橋（丸太）を上手く歩いて渡らないと下にいる怪物に食べられてしまうという思いからやっているのかもしれません。「もっとバランスよく！」「足をこんな風に動かして」というような声かけではなく、「怪物に負けないようにね！」などと声をかけることで、子どもがバランスという機能を意識することなく、あそびのなかで無意識的にバランス機能を使いこなしていくことが大切です。

第3部

感覚統合に満ちたライフスタイル

① 日常生活をくふうする

　ふだん何気なく過ごしている生活でも、感覚統合を促す要素や、子どもの感覚統合機能の状態をうまく活用することで、もっと快適に生活することができます。もちろん、子どもの年齢や発達状態によって内容は変わってきます。ここでは、いくつかの例を紹介しました。これをヒントに子どもに合った方法を見つけ出してください。

朝の目覚め

　朝、目覚めが悪くぼーっとしてしまう子どもには、感覚刺激を使って脳の目覚めを促しましょう。一般的には、光の刺激、冷たい刺激、皮膚をシャカシャカ擦るような刺激、体を動かす刺激などによって脳が目覚めてきます。窓を開ける、冷たいドリンクを飲む、ラジオ体操、朝の散歩なども目覚めをよくします。

乾布摩擦

　乾布摩擦は、昔から根強い愛好家がいる健康法の1つです。皮膚摩擦による触刺激は、脳の目覚めを促します。触覚過敏の子どもは、刺激に不快に感じることがありますので、注意が必要です。

食べる

　食事は栄養をとるためのものですが、感覚を補給するための時間とかんがえることもできます。いつも口の中に物を入れて噛んでいたがる子どもには、食材をくふうすることで、口の感覚欲求（センソリーニーズ）を満たします。
　野菜スティックやフランスパン、肉など歯ごたえ、噛みごたえのあるものを意識的にメニューに加えてみてください。口の周りの筋肉が弱く噛むことが苦手な子どもや、口を閉じる力が弱くよだれが出やすい子どもたちの口の機能の発達を促す効果もあります。

おやつ

独特の味や噛みごたえを好む子どもがいます。子どもの好みを観察して、感覚欲求を理解しましょう。おやつタイムは子どもの意欲が高まりやすいので、お菓子のパッケージを自分で開けるなど、手の動作を促す機会として活用しましょう。

歯みがき

口の中の感覚が過敏な子どもは、歯みがきを嫌がります。歯みがきをする前に過敏さを軽減するマッサージが効果的である子どももいます。試してみましょう（イラスト参照）。また触覚過敏の子どもでも、電動歯ブラシの振動を好むことがありますので、試してみてもよいでしょう。

■ポイント■
口の周りを、指圧するように大人の指で圧迫します。擦るように触ると嫌がる子どもが多いので、皮膚が擦れないように、指をあてた後、2〜3秒程度、指が動かないように圧迫してから指を離します。すこしずつ場所を変えて、口の周りを圧迫してみましょう。子どもが嫌がる場合、無理におこなうことはやめましょう。口の周りはとくに過敏な場所です。手や足などの圧迫マッサージから始めてみるとよいでしょう。

着替え

触覚過敏の子どものばあい、洋服の好みが感触で決まることがあります。どのような素材を好むかを観察しましょう。ゴムが入っている袖やタグが苦手な子どももいます。着心地のよい服を選んでください。

自分の姿勢が認識しにくい子どものなかには、頭から服をかぶったとき、自分の体が見えなくなることで、自分の体がどうなっているのかわからず、混乱する子どももいます。それが原因で着替えを嫌うこともあります。服から頭や手が出しやすくなるよう、大人が直接手で触れて、頭や手の位置を教える方法も効果的です。鏡の前で着替えると自分の体と服の関係が認識しやすくなります。

お風呂・シャワー

　触覚あそびが好きな子どもにとって、お風呂はとても魅力的な空間です。いろいろな素材のタオルで体をこすったり、泡をつくってあそぶなど、さまざま触覚の感覚欲求を満たすことができます。体を洗いっこをすると、コミュニケーションの機会にもなります。

　泡風呂の入浴剤やゼリー状に固まる入浴剤などを使うと、ふだん感じることのない感触を全身で楽しむことができます。シャワーは、皮膚や筋肉をマッサージする道具としても活用できます。

　体を洗うことは、手にしっかり力を入れる、力を加減する、自分の体を意識する機会にもなります。両手でタオルを持ち背中を洗う動きは、子どもによってはむずかしい動作ですが、両手の協調動作と体の意識を促す効果があります。

　触覚が過敏な子どもたちは、顔に水しぶきがあたることやシャワーを嫌がることがありますので、特別の配慮が必要です。

ふとんをたたむ・運ぶ

　お手伝いも、感覚統合を促す機会として活用することができます。手伝ってもらうことで、余計な手間や時間がかかることがありますが、最初は、あそびの機会を与えるくらいにかんがえてください。

　うまくできたときにほめてもらった体験や周囲に役に立ったという気持ちは、子どもの自信につながります。そのような体験のくり返しが、将来の生活の自立・自律につながっていきます。

　力を使う仕事は姿勢を保持する力を発達させます。ふとんを頭の上にのせる、肩にかつぐ、手で支えるなどいろいろな運び方に挑戦させましょう。持ち方によって、いろいろな体の使い方やバランスを体験することができます。

洗濯物を干す

洗濯ばさみを使うことで、指先で物をつまむ力を実感できます。物干しざおに洗濯物をきれいにかけることは、両手をうまく使い分けることや、さおに洗濯物をスムーズに通す体験になります。洗濯物をうまく通すには洗濯物の空間とさおの関係を認識することが必要です。

洗濯物をたたむ

タオルなど簡単にたためるものからはじめましょう。次第に左右の靴下を合わせて丸めるなど、より複雑な手の操作を必要とするものや、上着やズボンなどたたみ方がむずかしいものにチャレンジさせます。

花の水やり

水の入った重いジョウロを持つことで、しっかり支え握る練習になります。花の水かけが終わったら地面に水で模様を描くあそびに誘ってください。ジョウロのかわりにヒシャクで水をまくのも子どもが喜びます。

ぞうきんしぼり・ぞうきんがけ

ぞうきんをしぼるためには、握りしめる力や両手をちがう方向に同時に動かす必要があります。ぞうきんで机を拭く動作は、手にしっかり体重をかけながらぞうきんを滑らせるという複雑な運動です。

お風呂そうじ

お風呂そうじは、触覚あそびが好きな子どもに向いているお手伝いです。石けんや泡立てたスポンジやブラシなど、いろいろな触覚を楽しむことができます。

洗車

　水あそびが大好きな子どもには、洗車のお手伝いがあります。ホースで車に水をかける感覚はほかのお手伝いにはない楽しさがあります。

買い物

　買い物かごに商品を入れて持ち歩く行動は案外筋肉を使います。カートを押して、棚や人にぶつからないように店内を進むことは、道具の操作や空間での物と物との関係性を体感するよい機会です。

　ただし、感覚過敏や注意散漫な子どもには、ショッピングセンターでは刺激が多すぎて、行動にまとまりがなくなることもあります。通い慣れた小さめのスーパーに行くことをおすすめします。

お米とぎ

　お料理は、食べる楽しみがあるので、子どもたちが意欲を持って取り組みやすいお手伝いです。さまざまな感覚を体感したり、道具の操作を体験するよい機会です。お米とぎは、砂あそびなどの感触あそびが好きな子どもにおすすめです。触覚過敏の子どもでも、水や米粒は、べたつかず比較的触りやすい刺激です。

　炊飯器でご飯を炊く手順は、お米をとぐ、水を入れる、スイッチを入れると作業ステップが比較的わかりやすいので、ひとりでできるようになったら、全過程を子どもにまかせてみましょう。

野菜を手でちぎる

　葉野菜を手でちぎることは、比較的簡単にできます。枝豆をさやから取り出す作業も器用な指先を育てます。野菜を型抜きでカットする作業も、子どもたちの興味が向きやすいものです。野菜がかたいばあい、電子レンジですこし下ごしらえしておくとよいでしょう。

包丁で切る

　包丁は、力を入れることを好む子どもに適した作業です。最初は子ども用の包丁を使います。かまぼこやチーズのようなやわらかい食材からはじめます。片方の手でしっかり材料を固定することと、素材によってかたさがちがうので、包丁を押す力の入れ方を加減することを教えます。

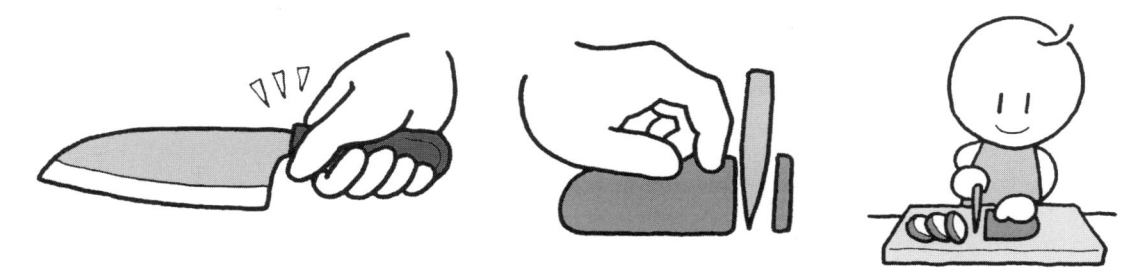

卵を割る

　そっと物を扱うことが苦手で、また両手の協調ができない子どもたちにとって、卵を割るのはむずかしい課題です。下のイラストを参照してください。コツをつかむまで、くり返しチャレンジさせましょう。

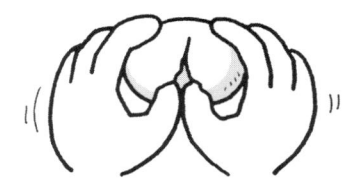

食材を手でこねる

　クッキー用の小麦粉をねる作業は粘土あそびのようで子どもたちに人気です。ベタベタした感触を好む子どもには、ひき肉をこねる下ごしらえがおすすめです。

調理器具を使う

　ピーラー（皮むき器）、スライサー（ハンドルを回したり上から押すと野菜が切れる器具）、すり鉢などは子どもでも使えます。上から押さえると果物がしぼれる手動式ジューサー、ハンドルを回すとパスタがつくれる器具も子どもの興味を引きます。

　おやつで食べられるとなると、関心の度合いも高まります。果物をスプーンでくりぬいたり、ディッシャーでアイスクリームやマッシュポテトを半球形にすくい上げてお皿に盛りつけるなど、いろいろなチャレンジをさせましょう。

② 家の中にリラックスできる空間をつくる

　大人だけではなく、子どもたちにも、ゆったりと過ごす時間が不可欠です。とくに感覚統合に問題を抱えている子どもたちは、感覚過敏のために絶えず緊張しており、安らぎの時間がかぎられています。子どもたちには、私たちが想像している以上に、周囲がさわがしく、刺激的すぎると感じているかもしれません。音や光、複数の話し声、臭い、蛍光灯のジーという音にもガマンできない感覚を持つ子どもがいます。

　興奮しやすく、一度興奮するとなかなかおさまらない子には、それぞれの子どもたちに合った、落ち着ける環境や活動を与えてください。子ども自身が必要なときにリラックスできる場所があることはとても重要なことです。

ひとりになれる場所を与える

　押し入れは、視覚刺激が少ないほうが落ち着ける子どもに適しています。光るおもちゃなど暗闇のなかで楽しめるおもちゃを持ち込んだり、お気に入りの肌触りのよいぬいぐるみ、フワフワしたクッションなどを置いて、気持ちを落ち着けるくふうをします。

　押入れがふさがっているばあいは、体がすっぽり入るダンボール紙でスペースをつくるのも一案です。

　暗い場所が苦手で、視覚的な刺激が少ないほうが落ち着く子どもは、部屋のコーナーをカーテンなどで囲ったスペースを与えてもよいでしょう。

ふとんにもぐる

　重たいふとんやマットレスの間に挟まってじっとしていると落ち着く子どもがいます。窮屈そうに見えますが、全身への圧迫感が筋肉への刺激（固有受容覚）になり、子どもを落ち着かせる効果があるとかんがえられています。

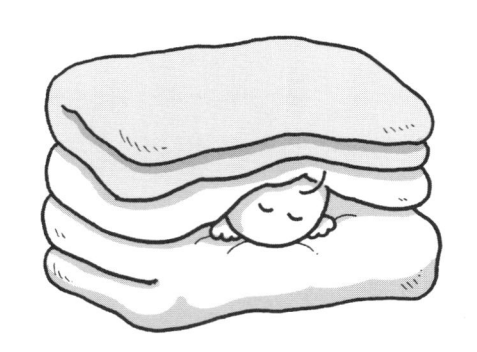

段ボール箱に入る

　段ボール箱の中に入ったり、ソファーのクッションの間に頭を挟んでじっとしていると落ち着く子どももいます。狭い場所の圧迫刺激が胎児のときの子宮内環境に近いともかんがえられています。子どもが落ち着くまで、離れて見守ることも大切です。

マッサージをする

　少し圧迫を加えながら手足をマッサージすると、子どもの高ぶっている気持ちを落ち着かせることができます。手だけでなく、スポンジ、やわらかいブラシ、布、タオルなどいろいろなものを試してみてください。電動のマッサージ器（バイブレーター）も、子どもたちが好む圧迫刺激です。触られることに過敏な子どもには、少し圧迫する力を強めにします。圧迫の刺激によって触覚過敏を和らげるばあいもあります。

　マッサージオイルを使った触覚刺激を好む子どもがいます。香りは好き嫌いがあるので、子どもの好みに合わせた香りを選んだり、無香料のベビーオイルもおすすめです。

居心地のよい触覚を与える

　子どもたちは、お母さんに寄り添って抱かれることで落ち着きます。手に何か持っていることで落ち着く子どもたちもいます。触覚は、情緒を安定させる働きがあります。

　気持ちのよい素材のソファーやクッション（パウダービーズクッションなど）、肌触りのよいシーツ、タオルなどを生活空間のなかに置いてみましょう。子どもによっては、やわらかい物だけでなく、かたい物を好む子もいます。雑貨屋さんで子どもと一緒にお気に入りの感覚グッズ（感触、光る物）を探してみましょう。

音楽を聞かせる

　にぎやかすぎる空間では、さまざまな音が耳に入ってくるために落ち着きをなくす子どもや、特定の音をとても嫌う子どもがいます。静かな空間を心がけ、子どもが好きな音や音楽などを流してみるのもよいかもしれません。

　間接照明や、カーテン、間仕切り（パーティション）を活用して、光や音を抑えるくふうをしましょう。

ちょっと気をつけて

●がんばらないことを学ぶ

　発達障害の子どもたちのなかには、リラックスが苦手な子どももいます。「がんばらない時間、リラックスする時間」を上手に過ごす経験が大切です。時間をむだに過ごすことは、発達を促すことに反するような印象があるかもしれませんが、何事もバランスが大切。そして、そのような時間があるからこそ、がんばれるのです。感覚統合の考え方は、発達の促しに役立つ考え方ですが、より快適にゆったりとした時間を過ごすことにも役立ちます。

③ 習い事で体験の機会を広げる

　音楽やスポーツなどの「習い事」も、感覚統合を促す機会として利用することができます。上達することばかりに目を向けず、感覚運動の体験の幅を広げる機会とかんがえてください。

　選択の際には、何が効果があるかということよりも、本人の関心や指導者の理解が重要です。感覚統合に問題がある子どものばあい、一般的な指導法ではうまくいかないことがあるからです。これまでの方法にこだわることなく、子どもに合わせて柔軟に指導法をかんがえてくれる先生を探してください。

感覚統合療法の観点からみた習い事を選ぶときのポイント

①子どもが、その習い事に興味を持っていること
②あまり大きな集団でないこと（はじめのうちは個別対応ができることが好ましい）
③ある目標に向かって、がむしゃらにがんばることを要求するものでなく、その過程を楽しめるものであること
④うまくいかないときに、「根気」や「根性」だけで解決しようとせず、できることから「スモールステップ」で指導する先生がいること

音楽教室・和太鼓の会

　音楽は、子どもが好きな習い事の1つです。口への刺激を好む子どもであれば、笛などの口を使う管楽器を試してみてもよいでしょう。力を発散したい子どもは、和太鼓などもおすすめです。ドラムなどの打楽器は、手足を同時に操作する能力を育みます。

　ピアノは、手先の意識を高め、細かな運動を促しますが、手先が不器用な子どものばあい、嫌いにならないよう配慮されたレッスンが必要です。

　聴覚過敏の子どものばあい、うるさすぎない環境でレッスンすることが大切ですので、電子楽器で音調を調整したり、聞きやすい音質に変えるくふうが必要です。

ヨガ・バレエの教室

　自分の姿勢や動きを意識することに役立ちます。さまざまな体の動き（姿勢）をまねすることや、鏡を見ながら自分の体を動かしていくこと、そしてふだん体験することのないさまざまなポーズは、自分の身体図式を発達させます。心地よく筋肉を引き伸ばす動作は、関節や筋肉の状態を感知させます。このような固有受容覚への刺激は、体イメージを意識づけます。

体操クラブ・体操教室

　鉄棒やマット、トランポリンなどの運動遊具を使用した基本運動・全身運動、さらにいくつかの運動が組み合わされた複雑な運動を体験することができます。

　感覚統合療法で指導されているバランス運動や自分の体をどのように動かすかをかんがえるような運動、タイミングや機敏さを発達させる運動など、種目や器具によってさまざまな能力を発達させる機会になります。

柔道・合気道

　格闘技は、相手の動きに合わせて機敏に動作する力を育みます。また力と力がぶつかり合うスポーツですので、筋肉への刺激が満たされ、ストレスの解消に役立ちます。子どもの好み、適性をかんがえて選択します。

スポーツチャンバラ

　スポーツチャンバラは、ルールが簡単で、安全性も高く、さまざまな感覚統合の要素を含んだスポーツです。使用する剣は空気でふくらませたもので、存分に力を入れて打つことができますので、筋肉への刺激（固有受容覚）の欲求を満たすことができます。相手の体を意識して打つことや、打たれないように自分の体を動かすことで、身体図式の力を高めることもできます。

スポーツクラブ

　野球、サッカーなどの集団での球技は人気のスポーツですが、苦手な子どもが多いようです。空中を飛ぶボールを目で追い、キャッチすることや、目標に向かって投げたり蹴ったりするためには、高度な能力が必要です。

ちょっと気をつけて

●習い事を自信につなげる

　習い事を決めるときに、あまりメジャーではないものをお勧めすることがあります。他の子どもにできないことができるのは、子どもの自信につながることが多いからです。感覚統合療法の余暇活動としてカヌーに取り組んでいる子どもが、ちょっと得意げにカヌーの話を夏休みの絵日記に書いてくれたり、「今度の日曜日、僕がお母さんにカヌーを教えてあげるよ」と母親に話していたりする子どもの姿は、本当にうれしいものです。

第4部

感覚統合を育む
やってみる 12 種類の室内あそび

① 親子でふれあうくすぐりあそび

　赤ちゃんは、ふれること、触れられることで、自分自身と相手を感じるようになります。そして抱っこされる心地よさは、赤ちゃんに安心感を与えます。肌と肌のふれあいが愛情の受け渡しになり、赤ちゃんの心と体の成長に大きな役割を果たします。肌の触覚を通したコミュニケーションは、愛着（アタッチメント）の源です。

あそびの意味とポイント

◎いろいろな触り方で、コミュニケーション

　そっとなでてみたり、くすぐったり、指圧するように軽く押してみたりします。触覚にはいろいろな感触があることを感じながら、そのやりとりを一緒に楽しみましょう。心地よい感触や楽しい感触を親子で探すあそびは、言葉以外のコミュニケーションの発達を促します。

◎体のどこに触ったのかな

　子どもに見えないように触り、子どもが触られた場所を探すあそびは、肌を通して自分の体の状態を知る働きを育みます。まだ十分に言葉がしゃべれない子どもでも、触られた場所を、目で見たり、手で押さえたりして「見つけた！」と答えてくれます。

くすぐりあそび

　子どもにとって、くすぐりあそびは楽しいあそびです。体の脇や足の裏などいろいろなところをくすぐってあそびましょう。

　歌いながらリズムに合わせて触ったり、手で触るだけではなくちがった感触の素材でくすぐると、いろいろな感触を体験することができておもしろいです。

いっぽんばしこちょこちょ ——くすぐりあそびの歌あそび

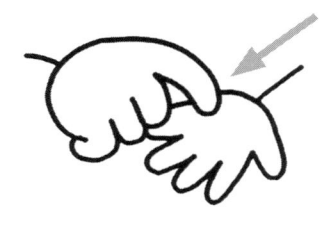

4/4 いっぽんばし  こちょこちょ  すべって  たたいて
つねって  かいだんのぼって コチョコチョチョ〜 

いっぽんばし　　　こちょこちょ　　　すべって

たたいて　　　つねって　　　かいだんのぼって

コチョコチョチョ〜

第4部　感覚統合を育む　やってみる12種類の室内あそび

マッサージあそび

　赤ちゃんマッサージにはいろいろな方法がありますが、赤ちゃんが自分の体を認識することに役立ちます。触覚が過敏な子どものばあい、毛並みに沿って体の中心から端に向けて、すこし力を加えながらおこなうとよいでしょう。

　感覚統合療法では、過敏な子ども用に開発されたブラシを使うことがあります。音楽に合わせたり、ベビーローションを使ったり、毛布ややわらかいタオル、クッションを使うことで幅も広がっていきます。適切なマッサージは、触覚過敏の軽減に役立ちます。

ちょっと気をつけて

●他人に触れられることが苦手な子ども

　親に抱かれることを嫌がる、触れられることを嫌がる子どもは、感覚過敏（触覚防衛）の可能性があります。感覚過敏は、本来、安全な刺激であっても脳が「危険！」と判断し、子どもが過度の不安になったり警戒する状態のことです。

　触覚防衛のばあい、触られることよりも自分から触ることを好みますので、自分からベタベタしてくる割には、触ろうとすると逃げて行くという行動が見られます。自分から触ることができる子どもであれば、親が子どもに触ってもらうあそびからはじめるとよいでしょう。

　また過敏な子どもたちも、そっと触られるのではなく、ギュッと圧迫されるように触られるほうがよいことがあります。おなかや顔は過敏な場所ですので、手先や足先など体の末端からはじめてみましょう。

② 感触のちがいを楽しむあそび

　子どもたちは、好奇心旺盛です。身の回りにあるものを、つぎつぎと触っていきます。感触を楽しんだり、感触を手がかりに探索していくことで、物がわかるだけでなく、手先の細かな運動の力も発達します。

あそびの意味とポイント

◎感触の楽しさを体験する
　気持ちのよい触感は、心地よいという感情を育みます。子どもたちと一緒に感触を楽しんでみましょう。感触を楽しむあそびは、一見無目的に見えますが、発達の上で大切なことです。

◎感触のちがいを発見
　感触のちがうものが混じっていると、子どもたちは、ちがいに気づき発見する楽しさを見いだすかもしれません。いろいろな触感の組み合わせや、感触の変化をつけてみましょう。触覚によって物を認識する力を育みます。

大豆・小豆・お米あそび

　大豆や小豆・お米をたらいや洗面器に入れてあそびます。なかに手を入れてかき混ぜたり、つかんだり、上からぱらぱらと落とすあそびは、子どもたちは大好きです。いろいろな豆が混じっていると、カラフルでより楽しいでしょう。口に入れることもあるので注意して見守ります。

小麦粉あそび

サラサラの小麦粉をたらいや洗面器に入れてあそびます。手を入れてギュッと押してみたり、サラサラと上から落としてみたり、いろいろな感触が楽しめます。少しお水を加えると、感触が変化します。手にくっつく感触も楽しんでみましょう。

マカロニあそび

パスタはおどろくほどいろいろな形のものがあります。それぞれ感触がちがいます。乾燥したマカロニをたらいや洗面器に入れてあそびます。

ちょっと気をつけて

●触覚あそびを嫌がる

感覚が過敏で感触あそびを嫌がる子どももいます。しかし、素材を変えるとあそぶこともあります。触覚が過敏な子どもは、ベタベタした刺激が苦手なことが多いので、サラッとした手につかない素材からはじめて、汚れないように配慮したり、汚れたらすぐ拭けるようにタオルを用意します。すべての触覚が苦手というわけではなく、特定の感触なら好きというばあいもあります。苦手な感触に挑戦するのではなく、好きな感触の幅を広げるあそび方がおすすめです。

③ 親子でふれあう揺れあそび

「たかいたかい」は、子どもたちが好む代表的な揺れあそびです。揺れや動きの感覚（前庭感覚）は、楽しさや爽快感をもたらしてくれます。怖がる子どもには、安心して楽しめるように大人がしっかり体を支え、子どもたちの笑顔を引き出せるやり方を探してみましょう。

あそびの意味とポイント

◎いろいろな揺れる感覚を体験させる

揺れの向き（左右、前後、上下）、動く―止まる、スピードの強弱など変化をつけてみましょう。子どもたちは、変化に気づき、そして動きに合わせた体の動きがでてきます。このような動きは、体の姿勢を整えるバランスの力につながります。

◎「もっとやって！」の表情やサインを引き出します

子どもが楽しんでいるようでしたら、もう一度あそびをくり返すためのやりとりも楽しんでみましょう。子どものつぎを期待するような表情や、「もっとやって！」の動作などを少し待ってみると、子どもからのコミュニケーションを育むこともできます。楽しさは、コミュニケーションの原動力です。

ゆれ抱っこ

横抱きにして、左右にゆったりと揺らします。揺れに強弱の変化をつけることで、揺れの変化を感じさせることができます。歌や音楽に合わせて揺らすともっと楽しくなります。

たかいたかい

子どもの脇を抱えて、上へと押し上げていきます。上げたら、軽く左右に振ったりしてあそびます。顔の正面を見ておこなったり、背中を向けておこなっても楽しいでしょう。

お船でぎっちらこ

大人があぐらをかいて、子どもを正面に抱いて座らせます。前後にゆっくりと波に揺れる舟のように揺れてあそびます。揺らすのを突然止めてみたり、揺れを左右に変えてみたり、揺れの大きさを変えたりといろいろやってみましょう。

すべり台

親が体育座りをし、その上に子どもを正面にして座らせます。子どもの脇に手を置いて大人のほうにゆっくりと滑らせてあそびます。

バスごっこ ── 歌あそび

歌を歌いながら子どもと一緒に体を動かします（イラスト参照）。

おおがたバス に のってます だんだんみち が わるいので
ごっつんこ ドン ごっつんこ ドン ごっつんこ ドン ごっつんこ ドン
おしくら まんじゅう ギュッギュッ ギュ〜!

①大型バスに乗ってます だんだん道が悪いので（ひざの上でぴょんぴょん）

②ごっつんこドン（横に倒す）

③ごっつんこドン（反対側に倒す）

②③くり返し

④おしくらまんじゅう（ひざの上でトントン）

⑤ギュッギュッギュー（抱きしめる）

ちょっと気をつけて

●揺れあそびは、笑顔の範囲で

揺れの刺激で、不安感や恐怖感を強く感じてしまう感覚過敏（重力不安）の子どもがいます。このような子どもには、決して無理をせず、親がしっかり抱いてあげるなど、怖がらない範囲で、すこしずつ揺れを体験させます。また乳幼児のばあい、揺れが強すぎると脳に強い衝撃が加わることもありますので、慎重におこなう必要があります。

④ 揺れる乗り物あそび

　乗り物あそびは、揺れを好む子どもたちに人気のあそびです。赤ちゃんは大人が抱いて乗りますが、1歳を過ぎると自分で揺れる乗り物にチャレンジしはじめ、じょじょに自分で揺らすあそびができるようになります。

あそびの意味とポイント

◎遊具に身をまかせる姿勢・しっかりつかまる姿勢

　体が落ちないようにしがみついたり、背筋を伸ばして座った姿勢を保つ機能は、とても大切です。揺れあそびでは、このような機能を楽しみながら育むことができます。子どもの体が揺れで傾いてきても、倒れないようであれば、助けすぎず自分で姿勢を戻すことができるように見守りましょう。

木馬に乗る

　木馬は、子どもが自分で乗る遊具です。はじめは揺れすぎないように大人が木馬を持ってゆっくり揺らしましょう。揺れを楽しみながら、持ち手をしっかり握ってバランスを保つ力を育みます。

ちょっと気をつけて

●子どもの表情を見ながら揺れを調節
　子どもの乗った遊具（毛布や木馬）を親が揺らすとき、無意識に大人の感覚で揺らしてしまうことがあります。子どもの顔色や表情を見ながら、スピードを調整して、子どもたちが楽しめるようにしましょう。

●安心して乗るためのくふう
　毛布ブランコあそびで、宙に浮くことが怖い子どものばあい、床の上を毛布で滑るそりあそびからはじめてみるのも1つの方法です。また毛布ブランコは、仰向けの姿勢よりもうつぶせの姿勢のほうが安心できる子どももいます。

⑤ クルクルめまいあそび

　自分でくるくると回り、めまい感（前庭覚）を楽しむあそびは、子どもたちが大好きなあそびの1つです。「こんなあそび何の役に立つの？」と思われがちですが、感覚統合を発達させる重要な要素の1つです。

あそびの意味とポイント

◎回転刺激が欲しくてたまらない子どもたちの感覚を満たします
　子どもたちのなかには、くるくる回っても目が回らず、その感覚が大好きな子どもがいます。そのような子どもには、たくさんの感覚を体験できるあそびが最適です。

◎大好きな感覚でコミュニケーション
　子どもの表情を見ながら、ゆっくり回したり、速く回してみたり、そんなやりとりが、言葉ではない親子の"あ・うん"のコミュニケーションを育みます。

ぐるぐるまわし

　おんぶや抱っこで一緒に回ってみましょう。また、両手をしっかりつないで回すと、勢いのある回転になります。体が大きな子どもは、回転いすなどを使った回転あそびもできます。ただ回るだけでなく「まわる」「とまる」などの変化をつけると、刺激にメリハリがついて楽しくあそべます。

いもむしゴロゴロ

　ふとんや畳の上に横になり、歌や音楽に合わせていもむしのように転がってみましょう。うまくできないときは、子どもの腰の部分を持って、寝返りをサポートしてください。自分でゴロゴロ寝返る運動は、体のバランス機能を育む上で、とても効果的です。はじめはぎこちない寝返りでも、次第にスムーズな体のひねりになります。ゴロゴロあそびが上手になってきたら、寝返りで、まっすぐ進んでいく競争をやってみましょう。

　もっと激しいあそびが好きな子どもたちには、ふとんや毛布の上に寝転がり、体に毛布を巻きつけて、端を持って、一気に転がすあそびなどもおすすめです。

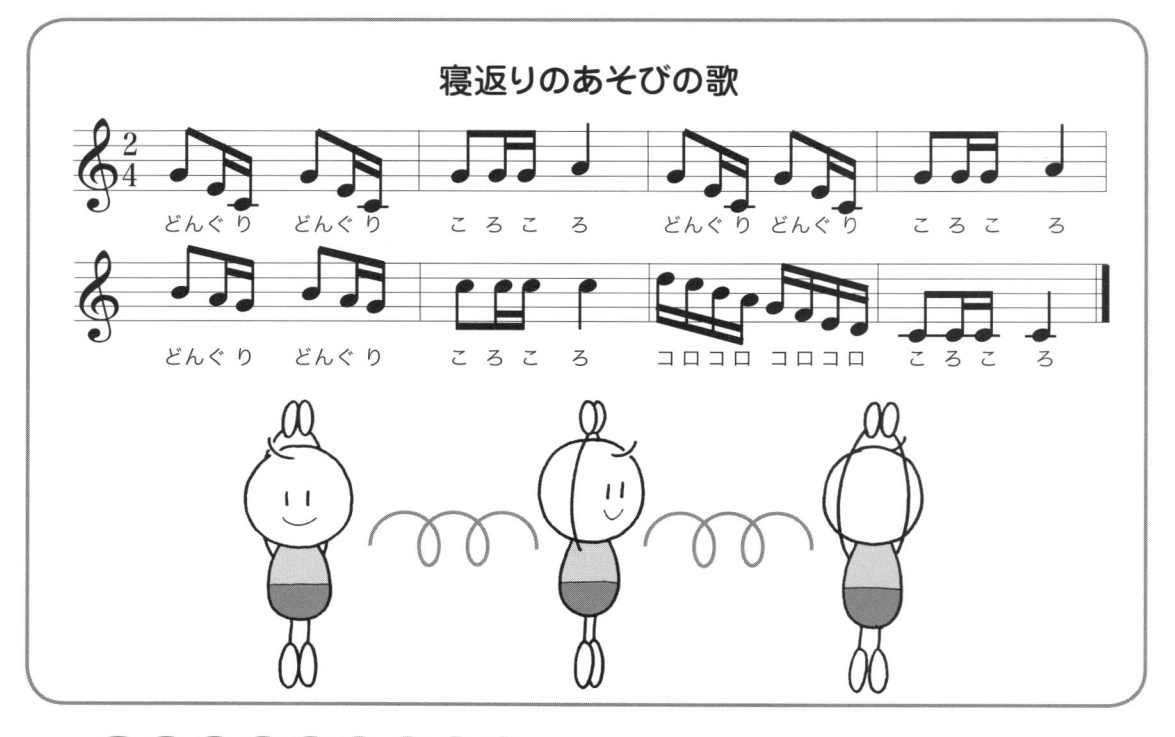

寝返りのあそびの歌

どんぐり　どんぐり　ころ　こ　ろ　どんぐり　どんぐり　ころ　こ　ろ
どんぐり　どんぐり　ころ　こ　ろ　コロコロ　コロコロ　ころ　こ　ろ

ちょっと気をつけて

●回転刺激は、とても強い刺激
　子どもが平気そうに見えても、急に気分が悪くなることがあります。表情や顔色など、子どものようすを観察しながらあそんでください。

●回転が大嫌いな子ども
　ブランコのようにまっすぐに揺れるあそびは平気でも、回転は苦手という子どももいます。そんなときは、無理にめまいあそびをしないようにしましょう。

⑥ バランスあそび

　体の姿勢を保ったり、運動するときに転ばないようにバランスをとる体の機能はとても重要です。体の傾きや動きを感じながら上手に移動していくバランスあそびに挑戦します。

あそびの意味とポイント

◎ 2つのバランス
　バランスの働きには、足下が不安定なところや狭いところで倒れないように姿勢を保ち続けるバランスと、動きながらのバランスがあります。馬の背中に立っちやロープバランスのあそびで、まずロープや背中の上に立ち続けることに挑戦します。体の傾きを感じる前庭覚や足裏の筋肉の感覚の情報を使って、体をまっすぐに起こして保つ感覚を体感させます。
　バランス移動では、体を一定の場所で安定させるのではなく、体が傾いたほうに移動するなど、つぎつぎと安定する場所が移動することで体が倒れることを防ぐ能力です。

馬の背中に立っち

　四つ這いになった大人の背中に乗り、立つあそびです。背中は、でこぼこしていますし、やわらかいので、バランスをとるのがむずかしいですね。バランスをとるのが苦手なばあい、四つ這いではなく、床にうつぶせになっている大人の背中に立つあそびからはじめてみるとよいでしょう。2人以上の大人がうつぶせになって、横に並んだ馬の上を渡るあそびも楽しいですね。

ロープバランス

　床の上に置いたロープの上から落ちないように歩いていくゲームです。バランスをとるのが苦手なばあい、ロープの上ではなく、ひもやテープを2本用意し、その間を歩いてみることからはじめるとよいでしょう。

　ロープの太さによっても難易度が変わります。太いロープであれば、その上に立つだけでもむずかしいかもしれません。歩き方によっても難易度が変わります。

　　・足を一歩一歩揃えながら進む
　　・足を交互に動かして進む
　　・つま先とかかとをつけて進む

　歩くのになれてきたら、二人組のゲームであそんでみましょう。ロープの両端から同時にロープの上を進み、出会ったところでじゃんけんし、負けたらスタートの位置に戻ります。滑らせてあそびます。

ちょっと気をつけて

●むずかしいときのサポート

　うまくバランスがとれないとき、子どもの手を握ってサポートすることがあります。サポートは子どもたちに安心を与えますが、バランス機能を高めたいばあい、手を握らなくても自分ひとりでできる難易度からはじめてみるとよいでしょう。

　缶ぽっくりあそびもバランス感覚を高めるのに適したあそびです（p.92〜93参照）。大きさや高さがちがうものをいくつかつくっておき、自分でできるところからはじめ、じょじょに狭くて高い缶にチャレンジしていくと、より子どもたちの達成感が高まります。やればできるチャレンジにひとりで挑戦してできた体験を積み上げます。

⑦ 家の中で障害物競走あそび

家の中でも、身近にある物を使ってミニ障害物競走をやってみましょう。

あそびの意味とポイント

◎環境に合わせて体を動かす

狭い空間を通り抜けるときには体がぶつからないように、不安定な場所では転ばないように、体を自然と使いこなすようなあそびをします。このようなあそびは、体の運動の土台となるバランスや身のこなしを発達させます。この力が高まってくると、子どもたちは、自分の体に自信を持つことができます。

寝室にあるものを使った障害物競走

ふとんを使って

①ふとんを丸めて立て、ぶつかって倒してみる

②丸めたふとんをうつぶせで越えてみる

③丸めたふとんの上を歩いてみる

シーツを使って

①シーツをくぐってみる
シーツの下に物を置いておき、くぐるときに探して取ります。

部屋にあるものを使った障害物競争

座ぶとんを使って

①座ぶとん車
・座ぶとんの上にお尻をつき、足を動かして進んでみる
・うつぶせで乗り、手で進んでみる

②座ぶとんを、島に見立てて島渡りをしてみる
③頭の上に座ぶとんを乗せて歩いてみる
④座ぶとんの山越え

押入れを使って

①押入れに登ってみる

②ジャンプで降りてみる

＊頭をぶつけないように注意。床には、ふとんやクッションを置きましょう。

机を使って

①机の下くぐり

②机の斜面の登り・滑り

壁を使って

①壁づたいカニさん歩き
　壁に沿って横歩きをしてみましょう

床の模様を使った平均台

①フローリングの床の目に沿って歩く

②畳のへりを歩いてみる

第4部　感覚統合を育む　やってみる12種類の室内あそび

⑧ 親子でふれあう体あそび

　すもうあそびは、親子のふれあいにとても適したあそびです。親子で体を使ったやりとり、駆け引き、ときにはぶつかり合うようなあそびをしてみましょう。

あそびの意味とポイント

◎相手の動きに合わせた身のこなしを体験

　相手があるあそびは、遊具であそぶこととはちがい、より柔軟な体の動きが必要です。相手の動きを感じたり予測しながら、自分の動きをかんがえ、相手のようすを見ながらタイミングをとる必要があります。はじめのうちは、子どもの動きに大人が合わせてあげる必要がありますが、慣れてきたら、子どもがどこまで大人の動きに合わせることができるかやってみてください。このようなあそびは、予測して体の運動を組み立てる力や身のこなしの力を育みます。

大人竹馬

　大人の足の上に子どもの足を乗せ、声をかけながら足ぶみしてみます。大人の足とタイミングを合わせて足ぶみができるようになったら、いろいろなところを歩いてみましょう。

おしずもう

向き合って両手を合わせ、相手を押し、足が動いた方が負けです。体が動かないように、しっかりと全身に力を入れておくことやバランスが必要です。相手を押しながら、不意に引いたりすると、転んでしまう可能性があります。このような不意な動きに対しても素早く姿勢を保つことは、生活の中でも大切な力です。

しりずもう

しりずもうは、後ろ向きでお互いのおしりとおしりをぶつけます。ふだん、おしりを突き出すような動作をすることがないので、どのように力を入れるのか、どのように動かすのかとまどう子どももいます。不慣れな運動を組み立てる力を育むこともできます。

ちょっと気をつけて

●体を使ったコミュニケーション

感覚統合療法では、感覚や動作を通したコミュニケーションを大切にしています。通常、私たちは主に"ことば"を使ってコミュニケーションをとっていますが、子どもによっては、"ことば"を介したコミュニケーションはわかりにくく、効果的でないばあいもあります。このような子どもにとって、感覚や運動を通じて交流することはとても重要です。すもうあそびのように、相手のかんがえや思いをやりとりするようなあそびは、相手の気持ちを感じることや意図を理解する力の基盤になるとかんがえられます。

⑨ ビリビリ、紙あそび

　紙は、身近にあり簡単に手でやぶいたり丸めたりできる変化に富んだ素材です。好奇心ゆたかな子どもたちは、大切な紙をやぶいたり、障子に穴をあけてみたりと「いたずら」が大好きです。

あそびの意味とポイント

◎やぶる感覚を感じとる

　紙がやぶれるとき、手にかかる抵抗感が急になくなる感覚で、紙の変化を感じことができます。この変化の感覚は、固有受容覚によって感じますが、この感覚の鋭敏性が発達していない子どもがいます。紙やぶりのような少し乱暴なあそびは、その抵抗感の変化をわかりやすく体感することができます。

◎指先の力を育む

　紙をつまむ、引っ張るあそびは、指先でつまむ力を育みます。ただ力が弱いだけでなく、どのように力を入れてよいのかわからない子どももいます。缶ジュースを開けるときや、キャップの開け閉めなど、生活のなかで指先の力を使う機会はとても多いので、ぜひ育みたい力です。

ヒッパレ、ヒッパレゲーム

　ハンガーにラップの芯を取り付け、それにトイレットペーパーくらいの幅に切った帯状の新聞紙を長くつなげて巻いていきます。壁に吊るして子どもが両手でカラカラと引っ張ってあそびます。小さな子どもたちに大人気のあそびです。

パンチでビリッ！

大人が新聞紙の両端を持って広げておき、子どもが走ってきて体ごとぶつかりビリッとやぶきます。グーでパンチしたり、キックしたり。紙を重ねていくと、どんどん力が必要になります。

紙つなひき

子どもと向き合って両手で新聞紙の端と端を持ち引っ張りっこをします。指でしっかり紙をつまんでおくことが必要です。なかなかやぶれないときは少し切れ目を入れておくといいでしょう。

なにかな？

子どもが好きなものを新聞紙で包み、テープでとめます。子どもたちが、この包みをビリビリやぶきながら開いていくあそびです。やぶく前に中にあるものを手触りで当てさせるゲームも楽しむことができます。

ちょっと気をつけて

●物を壊すことが好きな子どもたち

筋肉の感覚（固有受容覚）を求めている子どもたちは、自分の体（筋肉）に強い刺激が入りやすい破壊的なあそび方を好むことがあります。このようなばあい、物を壊さないような促しばかりではなく、壊してもよいあそびを与え、そのような感覚を満たすことも大切です。壊してはいけない物、壊してあそぶ物を明確に分けて教えます。

⑩ 触ってかんがえるあそび

　私たちは、ポケットの中に入っている鍵やお金、ハンカチなどを触っただけでスムーズに取り出すことができます。素材の触感（かたい、やわらかい）や重さ、形などを指で感じ取っているからです。自分が何を触っているか、またはどこを触られているかがわかりにくい子どもには、触ってかんがえるあそびで指先の感覚を研ぎ澄ませましょう。

あそびの意味とポイント

◎手触りがわかる力
　ツルツル、ふわふわ、ガサガサなどの感触のちがいを、皮膚の触覚だけで当ててみましょう。このようなあそびは、触覚の判別力を高めます。

◎形がわかる力
　目で見なくても、物を握ったときの手・指の形で、私たちは物の形を把握しています。これは、手、指の筋肉から受け取る情報（固有受容覚）を細かく読み取ることで、形を認識することができるからです。触覚から形をかんがえるあそびは、固有受容覚の判別力を高めます。

ブラックボックスゲーム

　中が見えない箱の中に手を入れ、入っているものを当てるゲームです。素材の感触や形を手だけで感じ取り、イメージすることが必要です。このとき、触って感じる感覚が鋭いことも重要ですが、どのように手を動かして触るのかもポイントになります。

宝探しゲーム

箱の中にビーズや豆、お米などを入れ、その中におもちゃなどの宝物を入れます。そして手探りだけで宝物がどこにあるか探すゲームです。このゲームでは、ビーズなどの刺激のなかから異なる感触のものを探し出す力が必要です。

おなじ感触はどれかな？

紙やすりのようにザラザラしたもの、鏡のようにツルツルしたもの、少し凹凸があるものなど、表面の感触がちがうカード（板）を2つずつ用意します。目隠しをした状態で、手渡されたカードの表面を触り、それとおなじ感触のものを探します。

ちょっと気をつけて

ブラックボックスあそびでは、感触（素材、かたさ、大きさ、重さ）ができるだけちがうものを使うと、わかりやすくなります。じょじょに似た感触のものを増やしたり、入れる物の数を増やしていきます。

例	簡単（まったくちがうもの）	むずかしい（似たようなもの）
素材	トマト（ツルツル）と アボカド（ザラザラ）	トマト（ツルツル）と 柿（ツルツル）
重さ	消しゴムと文鎮	鉛筆とお箸
大きさ	ピンポン玉と野球ボール	ソフトボールと野球ボール
形	スプーンとカップ	ねこのぬいぐるみと ぶたのぬいぐるみ
数	入れるものを少なくする	入れるものを多くする

⑪ おはじき・お手玉・あやとりあそび

　お手玉など伝統的な手あそびには、感覚統合の発達をうながす要素が含まれています。身近で簡単に取り組むことができるのでチャレンジしてみてください。

あそびの意味とポイント

◎指先の力加減

　手あそびで必要なのは、思い切り力を出し切るというよりは、そっとはじく、軽く投げるなど、すこし抑え気味に力を調整する能力です。子どもたちのなかには、力加減がうまくできず、物の操作が乱暴になっている子どももいます。このようなあそびを通して、力加減を体験させます。

◎タイミングを体感する両手動作

　お手玉は、両手を行き交うボールをつかむ・はなすタイミングが大切です。あやとりも、糸を通して左右の手がまるで連動しているように動かす必要があります。

おはじき

　机の上などに散らしたおはじきを、指ではじき、別のおはじきに当てるゲームです。はじくときには、力が強すぎるとうまくいかないこともあるので、力を調整する能力やはじく方向をコントロールする指先の動きが必要です。

お手玉

2つのお手玉を使います。片手で1つを空中に放りながら、もう一方の手からくるお手玉を受け取ります。お手玉を目で追うこと、一定の高さにリズムよく投げること、左右の手のタイミングなどが必要です。上手にできるようになったら、お手玉の数を増やしてみたり、歌に合わせて投げてみることにチャレンジさせます。

あやとり

あやとりは、1本1本の指や左右の指で異なる動きをしたり、順序通りに指を動かしていくことが必要なあそびです。また空間のなかで糸を操作するので、3次元空間をとらえる力を育みます。

あやとりを大人がやって見せて教えるときに、子どもの正面から教えるのではなく、子どもの横から教えるほうが、空間を捉えやすくなり、わかりやすくなる子どももいます。

ちょっと気をつけて

●できることからはじめてみる

両手を使う動作やタイミングを必要とする動作は、感覚統合に問題がある子どもたちにとっては、とてもむずかしい課題です。このようなあそびに取り組むときには、できるだけ簡単なことからはじめ、失敗体験をくり返さないように注意しましょう。

⑫ 音楽で楽しむ体あそび

　私たちは子守唄にはじまり、大人になってからもさまざまな音楽に親しんでいます。そして音楽は、体の運動とも深い関わりがあり、保育園や幼稚園では、リズムあそび、リトミックなどの活動があります。思わず体を動かしたくなるようなテンポのよい音楽に合わせて走る、止まってポーズをとる、ゆったりした音楽に合わせて歩くなど、音楽は子どもたちの運動を自然に引き出してくれます。

あそびの意味とポイント

◎身体図式を高めるあそび
　意識的に全身を伸ばしてみたり縮こまってみたりして、自分の体の大きさを意識したり、手足の動作の大きさを変えてみるあそびをやってみましょう。ふだん、あまり意識することのない自分の体の大きさに気づくよい機会です。

◎両手の協調的動作を促す
　手あそびは、両手の動きをつかってなにかを表現するものがほとんどです。はじめは、左右の手がおなじ動作でタイミングよく動くことを第一にかんがえ、つぎのステップでは、左右の手の動作が異なっていても左右のタイミングが合うことを目指します。

◎指の分離した運動を促す
　手あそび歌では、5本の指をバラバラに使うものが多くあります。手先が不器用な子どものばあい、手指が1つの固まりのように動くことがあります。
　じゃんけんのグーやパーは、5本の指を同時に動かすので簡単ですが、チョキは、2本の指だけ伸ばして他の指は曲げておく必要があるので、ちょっとむずかしくなります。
　手あそびを通して、じょじょに5本の指の動きが分かれてくるようになるとよいでしょう。

大きなたいこ ——身体図式の歌あそび

　音楽の歌詞に合わせて音の大きさにも抑揚をつけると、子どもの動きにも抑揚がつきやすくなります。大きい・小さいという概念を理解し、それを自分の体で表現することによって、自分の体への意識が高まります。

大 きな たいこ　どーん　どん　小 さな たいこ　とんとん とん
大 きな たいこ　小 さな たいこ　どーん どーん　とんとん とん

小林純一作詞・中田喜直作曲

大きなたいこ　どーんどん

小さなたいこ　とんとんとん

いとまき ──両手の協調性の歌あそび

両手をおなじように動かしたり左右別々に動かすことを楽しむ手あそびもあります。最初は両手がおなじような、簡単な動きの手あそびからはじめます。

い と まきまき い と まきまき ひっ ぱって トントン トン

で き た よ で き た ぞう さんの くつ が
で き た よ で き た おお きな くつ が

①いとまきまき
　いとまきまき

②ひっぱって

③トントントン

④できたよできた

⑤ぞうさんのくつが

⑥できたよできた

⑦おおきなくつが

おべんとうばこのうた —— 両手の協調性の歌あそび

両手をおなじように動かしたり左右別々に動かすことを楽しむ手あそびもあります。最初は両手がおなじような、簡単な動きの手あそびからはじめます。

これくらいの おべんとばこに おにぎりおにぎりちょっとならべ きざみしょうがに ごましおふって にんじんさん ごぼうさん あなーのあいた れんこんさん すじーのとおった ふーき

作詞：香山美子　作曲：小森昭宏

①これくらいのお弁当箱に 　②おにぎりおにぎり 　③ちょっとならべ 　④きざみしょうがに

⑤ごましおふって 　⑥にんじんさん 　⑦ごぼうさん 　⑧あなのあいた れんこんさん

⑨すじのとおった 　⑩ふ〜 　⑪き

おはなしゆびさん ── 指の歌あそび

指を1本だけ伸ばすことを促す指あそびです。親指は簡単ですが、薬指はかなりむずかしい動作です。

1～5 このゆびパパ　ふとっちょ　パパ　やあ　やあ　やあ　やあ
ワハハハハハ　お　ー　は　な　し　　　す　　る

① このゆびパパ　ふとっちょパパ

② やあやあやあやあ

③ ワハハハハハハ

④ おはなしする

アブラハムの子 —— 全身を同時進行でさまざまに動かす歌あそび

　最初は片手ですが、両手、両足、頭、おしりなど、すべての部位をしっかりと動かす必要があります。他の部分を動かしながら、前にやっている動きをおぼえて動かし続けること、順序どおり動きを増やしていくこと、音楽に合わせて動くタイミング、すべての部位をしっかりと動かしているように見せるための体の動かし方など、感覚統合の集大成ともいえる歌あそびです。

　大人でも最後までしっかりと動き続けることはむずかしいかもしれません。チャレンジしてみましょう。

（楽譜）
アブラハム には しちにんの 子 ひとりは のっぽで
あとはチビ みーんな なかよく くらしてる さあ
おどりましょ みぎーて（みぎーて）

①アブラハムには7人の子（足踏みをしながら右手をふりおろす）
②ひとりはのっぽで（両手を上げる）
③あとはチビ（しゃがむ）
④みんななかよくくらしてる（7回拍手）
⑤さあおどりましょ（ぐるりと回る）
⑥みぎて（右手を上げる）
⑦ひだりて（右手を上げたまま左手も上げる）
⑧みぎあし（両手を上げて右足を前に出す）
⑨ひだりあし（右足をひっこめ左足を前に出す）
⑩あたま（頭を振る）
⑪おしまい（2回拍手）

※2番は⑥まで同じ　※3番は⑦まで同じ　※4番は⑧まで同じ　※5番は⑨まで同じ

■参考文献
『楽しみながら言葉が育つ　おもしろ手あそび指あそび』斉藤二三子（すすき出版）1986
『うたってあそぼうリトミック編』五味克久〔編〕（アド・グリーン企画出版）1997
『ダルクローズ教育法によるリトミックコーナー』板野平〔監修〕（チャイルド本社）1987

第 5 部

感覚統合を育む やってみる 17 種類の外あそび

① 砂場あそび

　家の外に出ると、家の中だけでは体験することのできないいろいろな素材に触ることができ、四季折々の温度や感覚が楽しめます。風が肌に当たる感覚や太陽の暖かさ、雨のしずくや木々の葉っぱや落ち葉、冬は雪に触るのも楽しい体験です。

　砂あそびは、触覚や固有受容覚を育てるのに適したあそびです。水を加えることで、さまざまに変化する砂の感触を、手や足、そして全身で楽しめます。子どもは、砂の感触を感じるとともに、砂を触っている自分自身の体の感覚にも意識が向きますので、体の認識の発達にも効果的です。

あそびの意味とポイント

◎いろんな感触をくふうしてみる

　砂といってもさまざまな感触があります。サラサラの砂、少し水を含んだシットリした砂、たくさん水を含んだベチョベチョの砂。いろいろな感触のちがいを感じてみましょう。

◎力加減を体感する

　砂山が壊れないように固めながらつくっていくとき、子どもたちは力加減を学びます。壊さないようにそ〜っとトンネルを掘ってみたり、スコップでずっしりと重い砂を運んでみたり、砂に触れることでさまざまな力加減に気づきます。

埋めちゃおう

　砂の中に、手や足を埋めてあそびます。砂の感触だけでなく、埋まったときの砂の重量感を感じることができますし、体を動かして砂の外に出てくるときは、砂の抵抗感で体の動きをよりハッキリと感じることができます。

いもほり

新聞紙を丸めてつくった「いも」にロープのつるを付けて、つるが少し砂から出るくらいにして埋めます「うんとこしょ〜どっこいしょ〜」と、つるを引っ張ってあそぶと、子どもの腕、腰、足にしっかりと力が入ります。

宝さがし

砂の中に子どもたちが好きな物を隠します。あとは出てくるまでいろいろなところを掘り起こします。手で掘ることで指先にかかる力の感覚（固有受容覚）を楽しむことができます。また宝物を指先で探り当てると触覚の判別力を育むことができます。手に持った棒を砂に刺していき、宝物の場所を当てるあそびもおすすめです。

プリンづくり

容器に砂を入れる→手で表面の砂を押さえつける→片手で持ち、こぼれる前に手首を返しひっくり返す→形が崩れないようにそっと容器を持ち上げる→できあがり。こぼれないようにひっくり返すには機敏に手首を返す動きも必要です。

おだんごをつくる

湿り気のある泥を両手でギュッギュッと握ります。このとき指と指の間をとじて、手のひらを丸めて握らなければきれいなおだんごはできません。左右の手を上下入れ替えながらしかも崩れないようにするには、握る力が弱すぎても強すぎてもうまくいきません。力加減をマスターする必要があります。

穴・池をつくる

　どんどん砂場を掘っていくあそびは、子どもが好むあそびです。スコップで砂を突き刺すときや掘り起こすとき、筋肉の感覚（固有受容覚）をじっくり感じることができます。スコップを砂に突き刺すときには、手足を踏ん張る力や、スコップを手と足でタイミングよく動かす力などが発達します。

　穴を掘った後、その中にバケツでくんできた水を入れ、池をつくってみましょう。バケツの水をこぼさないように、両手に力を入れ、体をまっすぐにバランスを保つ動作は、姿勢を保つ体の機能を高めます。

山をつくる

　砂場で大きな山をつくります。砂を盛り上げてできたやわらかい山を手や足で踏み固めることで触った感じが変わることに気づけます。やわらかい山では足がズボズボとはまり歩きにくいので、転ばないようにバランスをとる力が育まれます。

トンネルを掘る

　山を両手でペタペタと固めてから、山の両側から穴を掘り進め、トンネルをつくります。山が壊れないように掘り進めるためには、砂のかたさを確認しながら、手の力加減を注意して掘り進めていかなくてはいけません。

　2人で掘るときには、相手の穴とうまくつながるように掘りながら、相手との方向の調整をおこなうことが必要です。もう少しでつながるとき、指先に当たる砂の感触の変化で気づくことができます。

川・ダムをつくる

砂山に、水を流すための樋(とい)を置き、水を流してあそびます。水の流れを板でせき止めダムをつくってみたり、山・池・トンネルとつなぎ合わせて大作にするには、水の流れという、物事のつながりをかんがえた構成力が必要です。水を流すかわりにビー玉を転がす道を砂山につくり、ビー玉を転がすゲームも子どもが好きなあそびの1つです。

ちょっと気をつけて

　触覚過敏があり、砂あそびを敬遠する子どものばあい、砂あそびを無理におこなう必要はありません。しかし触覚過敏の子どもたちにも好きな触覚はあることが多いので、その好きな感触からあそびを展開し、受け入れることのできる感触を広げていくことが大切です。

　サラサラの砂は、手につかないので触覚が過敏な子どももあそびやすい素材です。触ることが苦手な子どもでも大人がサラサラの砂を手のひらから落とすようすを見て楽しむことができます。また、直接、砂を触らなくてよいように砂あそびの道具を活用することもおすすめです。

第5部　感覚統合を育む　やってみる17種類の外あそび

② すべり台あそび

　加速感やスピードなど動きの感覚を満たしてくれる遊具です。動きの感覚を求めている子どもたちは、くり返しあそび楽しみます。動きの感覚や不安定な場所が苦手な子どもたちでも、比較的取り組みやすい遊具です。ブランコとちがい地面に体がついた感覚が安心感を与えます。また登っては滑るという「はじめと終わり」の関係を学びやすいあそびです。

あそびの意味とポイント

◎スピードの変化を楽しもう

　さまざまなスピードを体験することや、自分でスピードを調整することを学ぶことができます。スピードの変化は、すべり台の形によって、直線や回転などを体験することもできますし、そりを使ってスピードを速めるくふうもあります。また寝た姿勢で滑るとよりスピードを強く感じることもできます。

◎姿勢バランスや身のこなし、タイミングも大切

　スピードに対して座った姿勢や体の向きを一定に保つような姿勢バランスの力を育むことにも役立ちます。また、すべり台は階段を登り狭い場所に座る身のこなしや、着地のときのタイミングよく立ち上がる動作などの運動の力も育むことができます。

幅広のすべり台

　大きな公園には、横幅が広いすべり台があります。このタイプは、滑り降りるとき、体の向きがくるくると動いてしまいますので、より強い刺激で楽しむことができると同時に、姿勢を保つことがよりむずかしくなります。

友だちと一緒に滑る

　長いすべり台で、友だちと一緒に滑るとき、友だちとの間隔を上手にあけながら滑っていくことが必要です。このためには、先を行く相手のスピードと自分のスピードのちがいを感じ取り、自分のスピードを足や手を使って調整する必要があります。

すべり台登り

　すべり台を下から登ってみましょう。両手で、すべり台のふちをつかみながら、登って行きます。体が後ろ（下）に引かれないようにしっかり姿勢を保ち、バランスをとりながらてっぺんまで登ります。すべり台の上からロープをたらし、そのロープにつかまって登ってみるのも楽しいあそびです。

ダンボールでジェットコースター

　子どもが中に入り座ることができる大きさの箱（ダンボールなど）に入って滑ります。横から大人がスピードを調整します。また箱にひもをつけ、上から大人が箱を引き上げたり、滑るスピードを調整したりすることもできます。自分の体が箱のなかで守られているような感じがあり、体の安定性が得られるので、すべり台に不安がある子どもでも、比較的安心して滑ることができます。

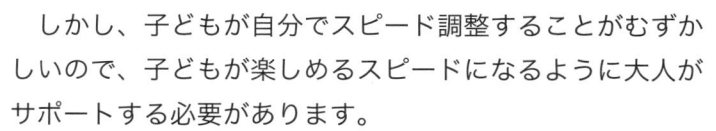

　しかし、子どもが自分でスピード調整することがむずかしいので、子どもが楽しめるスピードになるように大人がサポートする必要があります。

ちょっと気をつけて

　動く刺激への過敏さがあるばあい、すべり台あそびを無理におこなう必要はありません。まずは、見て楽しむことからはじめてみましょう。すべり台の下にペットボトルなどを並べて、上からボールを転がして倒してあそびます。滑ることに不安を感じる子どもも、物を滑らせてあそぶことからはじめると、受け入れやすいかもしれません。ボールを転がすためにすべり台の上まで階段を登ってみることで、子どもたちもじょじょにあそびに参加できるでしょう。

③ ブランコあそび

　　ブランコは、揺れあそびの代表的な遊具です。とくに前後の揺れをくり返し楽しむことができ、動きの感覚（前庭覚）を体験することができます。

あそびの意味とポイント

◎動きの変化を楽しもう

　ブランコは、小さく揺らしたり、大きく揺らしたり、自分の意思で動きを調整することができます。自分で好みの感覚刺激の量に調整することを学ぶことができます。

◎うまく揺らすコツをつかむ

　ブランコを揺らすためには、体を曲げ伸ばして、重心を移動させなくてはいけませんが、これにはちょっとしたコツが必要です。このような運動のコツ（運動企画）をあそびから体験していくことはとても重要なことです。

ブランコに乗る

　鎖を両手でしっかりと持ち、全身を使った前後の動きで、弾みをつけ揺らしてあそびます。弾みをつけるためには体を曲げる、伸ばすというくり返しの運動が必要です。

　はじめて乗るときには、横にいる大人が揺らすことで、揺れの感じや必要な姿勢の変化を体験することができます。しかし揺れが苦手な子どもは、揺らされることにとても敏感で不安になりますので、自分の足で揺らすことからはじめたほうがよいでしょう。慣れてくれば、ブランコのさまざまな揺れに合わせて体のバランスをとらせます。

ブランコ缶蹴り

　ブランコを揺らしながら地面にあるものを蹴ります。自分の体の動きと置いてある物との距離や位置を絶えず把握しながら、動かしていくことが必要です。目の動きと体の動きを組み合わせた運動能力を促します。

2人乗り

1人が座り、もう1人が立ってこいだり、2人で向かい合って立ちこぎをします。2人の息を合わせるためには、相手の動きに合わせて自分の体を動かす必要があります。かけ声や歌などで、動きのタイミングの目安をつくるとリズムが合いやすくなります。

円盤ブランコに乗る

ひもの先に円盤や玉、丸太がついているブランコに挑戦させます。普通のブランコに比べ、落ちないために持続的に全身の力を入れる必要があります。またこのようなブランコに立ち乗りしようとすれば、左右の足をバランスよく同時に、そして瞬時に乗せる俊敏性も必要です。

タイヤブランコに乗る

タイヤが縦に吊ってあるものは、穴の中にまたがるように乗ります。両手でタイヤを抱きかかえるように乗れます。タイヤが横に吊ってあるものでは、普通のブランコよりも座面が広いので、足をタイヤの上に乗せることもできます。ロープが3もしくは4カ所で吊られていますので座面の傾きが小さく、安心して揺れを楽しむことができます。

ちょっと気をつけて

●ブランコを怖がるばあいには

公園では、怖がる遊具で無理にあそばせる必要はありません。でも子どもに挑戦してみるという気持ちが見られたときには、すこし配慮して子どものチャレンジを見守りましょう。まずは自分の足が届く低いブランコであそびます。しっかりと地面に足がつくことで、安心感が生まれ、足を使って少しずつ動かすことができます。怖くなったとき、自分の判断でいつでも止めることができる安心感は、苦手なことを挑戦するときに重要なポイントです。

人に揺らされるよりも自分でつくる揺れのほうが感覚を受け取りやすいので、とくに揺れを怖がる子どものばあい、この点を配慮してサポートします。

④ ジャングルジムあそび

　ジャングルジムは、身のこなしを育てる代表的な遊具です。自分の体を縦、横、斜め方向に移動させることで、空間のなかで自分の体を感じ取り、体を上手に使いこなす能力を高めます。

あそびの意味とポイント

◎自分の体の大きさを実感させる

　ジャングルジムのような狭い空間の中を、自分の体がうまく移動できるようにくふうして動くようなあそびは、自分の体の大きさや働きを脳が知ることを促します。

◎体を使って空間概念を体感する

　ジャングルジム内の空間を上下（垂直方向）や左右(水平方向)、斜め方向など3次元的に動くことで、自分の体を中心とした空間の把握や「上」「下」「右」「左」などの概念を実体験を通して学ぶことができます。

ジャングルジム鬼ごっこ

　楽しみながらいろいろな方向への動きが促されます。はじめのうちは、ジャングルジムの周りを右回り、あるいは左回りで前にいる人をつかまえてみるといった、簡単な動きであそびます。

ロープの道

ロープを使って、ジャングルジムの中に左右・上下の道をつくります。そのロープを伝って、移動します。ロープの道を通るために、どのように体を動かしていけばよいのかイメージする力を育みます。

ちょっと気をつけて

●低いところで移動する

高いところが怖い子どもは、低いところから挑戦します。地面を四つ這いでくぐったり、1段目をまたいだりしてみます。1段目に登ったり飛び降りたり、慣れてきたら少しずつ高くして、いろいろな高さにチャレンジします。

●一方向に移動する

手足の動かし方が混乱しているためにジャングルジムが苦手なばあい、手足の動きをできるだけ簡単にするくふうをします。たとえば、上方向のみに移動するというようなあそびからはじめましょう。上方向への移動が習得できれば、つぎは横方向、さらにこれが組み合わさった斜め方向への移動など、手足の動きを少しずつ複雑に組み合わせていきます。

⑤ 乗り物あそび

　乗り物あそびは、歩いたり走ったりするだけでは味わえないスピードの爽快感や、手足を上手に動かして操縦する楽しさもあります。上手に乗りこなすことができるようになると、それをゲームや競争の道具として活用することもできます。

あそびの意味とポイント

◎バランス機能を高める

　自分の体が落ちないように支えたり、曲がるときにはそれに合わせて体を傾けたり、姿勢を保つ機能やバランス機能を高めることができます。

◎体の動かし方のバリエーションを獲得する

　乗り物によって体の支え方や動かし方が異なります。いろいろな乗り物を体験することで、それぞれの乗り物に合わせた動作を習得し、それが子どもの運動の幅を広げ、運動の柔軟性を高めます。

幼児用の車に乗る

　幼児用の車は、両足で地面を蹴りながら進みます。体の両側をタイミングよくおなじように動かす力で進みます。地面を1回蹴ってどれくらい進めるか競うあそびでは距離を伸ばすために、蹴り方のくふうを促します。

　しっかり体を前に傾けながら両足で蹴ると、前へ進みます。芝生の上、砂場、砂利道などで乗ると、足で蹴るさまざまな感触を体感できます。ハンドルで進む方向が変えられるものもあります。

三輪車に乗る

　三輪車は、足を地面から浮かし、左右の足でペダルを交互に動かしていくことが必要です。ハンドル操作によって進む方向が変化します。足でスピードを調節し、手で進む方向を調整するという、2つのことを同時におこなう必要があります。またこのような複雑な運動を、狭いサドルから落ちないように体のバランスをとりながらおこなわなければなりません。

　最初はペダルをこがずに両足で蹴りながら進み、三輪車に慣れさせます。ペダルの操作がわかりにくいばあいは、子どもがペダルに足をのせたまま、大人が三輪車を後ろから押し、ペダルと足の動きをまず体験させます。慣れてきたら、クネクネ道、坂道、砂利道にも挑戦させます。ハンドル操作やスピードのコントロール、ペダルを踏む力の調整が必要です。

スケーターに乗る

　手でハンドルを操作しながら、足置きに片方の足を置き、もう一方の足で地面を蹴りながら前方へ進んでいく遊具です。片側の足や体で姿勢を保ち、もう一方の足で地面を蹴って前に進みます。左右でちがった体の動きをうまく協調させることが必要です。

　最初は片足でバランスをとることがむずかしく、小刻みに蹴って進むかもしれません。片足立ちが安定し、こぎながらバランスをとることに慣れてくると、強く、大きく蹴ることができるようになります。コンパクトな乗り物ですので、狭いところを通過する競争も楽しいでしょう。

補助輪付き自転車・自転車

　最初から補助輪を付けずに乗る方法もあります。ペダルを外し、両足で地面をひと蹴りして、足をつかず、バランスをとりながら、できるだけ遠くまで進む方法を教えます。

　バランスが上手にとれるようになったら、ペダルを片方だけ付けて、こぎながらバランスをとる練習します。片方の足がそれほどバランスをとるのに必要でなくなったら両足にペダルをつけ、両足でこぐようにします。

　自転車に乗るには高度なバランスや複雑な体の動かし方が必要です。サドルは、かならず子どもの足がつく高さに設定します。最初は補助輪を付け、左右のバランスを助けながら練習し、慣れてきたら1個ずつ外します。

　自転車で道路を走るときには、交通ルールを学ぶよい機会です。ルールをきちんと学ぶことで、事故にあわないように教えます。自転車は移動のための実用的な生活手段として、またサイクリングの趣味になります。

ちょっと気をつけて

●安全に乗りこなすスキルが大切

　動く感覚を過度に求める子どもの場合、乗り物あそびはその欲求を満たすよいあそびですが、スピードの出し過ぎには注意する必要があります。周りに危険なものがない広い広場などで思いっきり楽しみましょう。また、動くことを練習することにあわせてブレーキの操作など止まる練習も大切です。どのくらい正確に停車ラインに止めることができるかなどのあそびのなかで、自在に走り、自在に止まるスキルを身につけましょう。

⑥ 投げっこあそび

　子どもたちは、物を投げるあそびが大好きです。家のなかにあるものを手当たり次第に投げられてしまうと困ったことになりますが、投げてもよい物を使って、投げてもよい場所で、あそばせます。

あそびの意味とポイント

◎手や腕の動きのバリエーションを獲得する

　投げるものの形や重さなどによって、持ち方や投げ方、手を離すタイミングなどがちがいます。いろいろな物をどうやったら上手に飛ばすことができるか、かんがえながらあそぶなかで、物に合わせた体の動かし方のバリエーションが増えていきます。

ボール投げ

　ボールあそびは、ボールの大きさや投げ方を変えることによってさまざまなあそび方ができます。

●大きさを変えてみる

　大きいものを投げるときは全身の重心移動を行いながら動作をおこなうことが必要になってきます。大きくなればなるほど両方の手のひら全体でしっかり持たなければなりません。
　小さいものを投げるときは、片手での動作が中心となります。小さくなればなるほど指先に力を入れて持つことが必要になり、手首や指先を協調して投げることが必要になってきます。

●重さを変えてみる

　投げる物の重さが変わることで投げ方が変わります。たとえば砲丸のような重い物を投げるときは、肩の上で砲丸を固定しながら持ち、全身の力を砲丸に加えられるように、後ろに引いた足から前の足に重心を移動しながら投げることが必要になってきます。逆に風船のように軽

いものを投げる際は手の動きだけで飛ばすことができます。

●硬さを変えてみる

投げるもののかたさを変えることでそれに合わせた持ち方、投げ方が必要になってきます。やわらかいもの、壊れやすいもの、たとえば紙風船などを投げたり、受け取ったりするばあい、指先を曲げてギュッと力を入れすぎてしまうと紙風船はつぶれてしまいます。紙風船の大きさに合わせて指の形を変えて手のひら全体で持ち、そーっと投げたり受け取ったりする必要があります。

●飛ばす距離を変えてみる

力いっぱいボールを投げることはできても、微妙な力の調整をすることが苦手なばあい、遠くへ飛ばすだけでなく、的にできるだけ近いほうが勝ちというルールにしてみたり、的の得点をランダムにしてみるなど、力の調整が必要なゲームをくふうします。

・遠くへ飛ばす
・的に当てる
・狙った得点に当てる

●ボールをキャッチする

ボールを受け取るときには、ボールの動きをしっかり目で追いながら落下地点を予測してその場所に移動し、ボールの動きに応じて手を動かし、受け取る準備をすることが必要です。

・地面を転がってきたボールを取る
・空中に投げられたボールを1バウンドで取る
・空中に投げられたボールを取る

●両手で転がしてみる・投げてみる

体の真ん中でボールの操作をおこないます。体の両側でおなじ動きをするので、動作としても取り組みやすく、また目標とするものを見失うことなくおこなうことができます。

・下から転がす
・横から投げる
・頭の上から投げる
・後ろ向きで投げる

●片手で転がしてみる・投げてみる

片手でボールを持ちながら転がしたり、投げたりする動作は、両手で転がすときに比べるとボールを持っている側と持っていない側が別々の動きをする必要があります。また体の両側でバランスのとり方も変わってくるため、両手で投げるときに比べて難易度もあがってきます。

紙飛行機を飛ばす

　紙飛行機は、親指と人差し指のあいだに挟んで持ちます。紙飛行機を飛ばすときには、肩の高さくらいの位置で手を固定し、ひじの曲げ伸ばしと手首の柔軟な動きが必要になってきます。一見すると手の動きだけができればよいように思えますが、手の動きに加えて安定した姿勢をとり、体のねじりを利用することも大切なポイントです。

フリスビーを投げる

　フリスビーは、親指と人差し指のあいだに挟んで持ちます。横向きに立ち体のねじりと手の動きを協調させながら投げることが必要になってきます。フリスビーを使った的当てやグランドゴルフなどにも楽しいあそびです。

7 缶ぽっくりあそび

バランスをとったり手足を一緒に動かすことをうながす、とても効果的なあそびです。

あそびの意味とポイント

◎いつもよりすこし長い自分の足を使いこなす

自分の足に缶の長さが加わるので、いつもより少し背が高くなります。子どもは、いつもとはちがう体の感覚で動き回る楽しさやむずかしさを感じることができます。

◎手と足をタイミングよく一緒に動かす

缶が足の裏から離れないように、そして転ばないように歩くには、両手と両足を協調させながら動かすことが必要です。

缶のない缶ぽっくりあそび

手と手、手と足を一緒に動かすことが苦手なばあい、缶の上に乗って操作する前に、長めのロープの両端を結び合わせ輪にしたものを使っておなじ動きをさせます。ロープの一方を足の裏に引っかけ、さらに一方を手で持ちます。手でロープを引き上げると同時に足を上げる足ぶみの練習をすると効果的です。手と足を一緒に動かすことが感じやすくなり、体をどのように操作したらよいかつかみやすくなります。

大人の足で缶ぽっくり

自分の体に合わせて缶ぽっくりをどのように操作したらよいかわからない子どももいます。そのようなばあい、はじめから缶ぽっくりではむずかしいので、まずは大人の足を使ってコツをつかむ練習をおこないます。大人の足の上に子どもの足を乗せ、声をかけながら足ぶみをさせます。

●缶の大きさを変えてみる

　バランスをとることが苦手なばあい、缶の大きさを変えていくことで、バランスの難易度を変えることができます。ミルク缶のような足を乗せる部分が広いものからじょじょに缶詰やジュースの缶のように狭いものに変えてチャレンジさせます。

●缶の高さを変えてみる

　缶の高さを変えていくことによって、バランスがむずかしくなると同時に、足がより長くなりますので、いつもとはちがう体の感覚（身体図式の拡大）で動くことが必要です。

●進み方を変えてみる

❶いろいろなコースをつくる　❷まっすぐ進んでみる　❸カーブを曲がってみる
❹８の字に進んでみる　❺後ろ向きで進んでみる　❻段差を越えてみる
❼坂道を登ってみる　❽障害物をまたいでみる

【缶ぽっくりのつくり方】

材料：缶詰の空き缶、ジュースの空き缶、ミルク缶などスチール缶、ひも、缶に穴をあける釘・かなづち

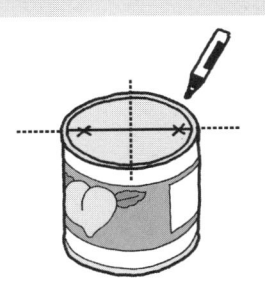

①円の中心を通るように線を引く。左右対称の位置に印をつける。

②かなづちを利用して、印の部分に釘で穴をあける。

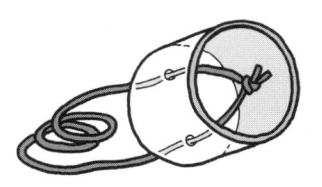

③穴にひもを通し、缶の内側で結び目をつくる。

④完成

⑧ ケンケンパあそび

　ケンケンパも広く親しまれている伝承あそびです。地面の上に輪を描いてその輪の中に足が入るように進んでいきます。公園などで簡単にでき、感覚統合のなかでも、ちょっとむずかしい運動のパターンを学ぶことができるあそびです。

あそびの意味とポイント

◎リズミカルに両足を協調して動かす力
　リズム（音）に合わせて順番に片足、両足で進んでいきます。輪や音に合わせて体の動きを変化させていくことや、片足でバランスを保ちながらジャンプすることが必要になってきます。

リズムを変えてみる

　自分の体の動きを順番に変化させていくことが苦手な子どもたちがいます。ケンケンパのリズムで上手にジャンプできるようになったら、輪の配置やリズムを変えてあそぶとおもしろくなります。
　「ケン」→「パ」→「ケン」→「パ」
　「ケン」→「ケン」→「ケン」→「パ」
　「ケン」→「ケン」→「パ」→「パ」→「ケン」→「パ」→「パ」→「ケン」→「ケン」→「パ」

跳び方を変えてみる

　片足で立つことやジャンプが苦手なばあいは、まず片足でジャンプする部分を両足でジャンプさせます。
　・両足でジャンプしてみる
　・片足でジャンプしてみる
　・後ろ向きでジャンプしてみる

⑨ なわとびあそび

　運動が苦手な子どもは、とくになわとびを苦手と感じることが多いようです。なわとびをマスターするには、縄の操作や跳ぶときのタイミング、持続的に跳び続ける力などが必要です。小さな子どものばあい長縄などを使ったあそびからはじめます。

あそびの意味とポイント

◎リズム・タイミングを意識した運動
　大人に回してもらう大縄は、縄の動きに自分の体を合わせるためのタイミングが必要です。自分でなわとびを跳ぶときには、自分でリズムをつくり、全身の動きを、そのタイミングに合わせていくことが必要です。

へびへび
　縄の一端を木などにくくりつけ、もう一方の端を大人が持ち、地面と水平になわとびを揺らします。へびのようにクネクネと曲がる縄に引っかからないよう、跳び越えます。小さな蛇、大きな蛇と変化をつけます。

大波小波
　地面に対して縄を垂直に、波のように動かします。「へびへび」よりもジャンプする高さやタイミングを合わせることがむずかしくなります。

左右跳び
　動かない縄の上を、両足で右・左・前・後ろなど向きを変えて跳びます。両足一緒にジャンプするためには、左右の足を揃えて跳ぶことや、両足にバランスよく体重がかけられていることが必要です。

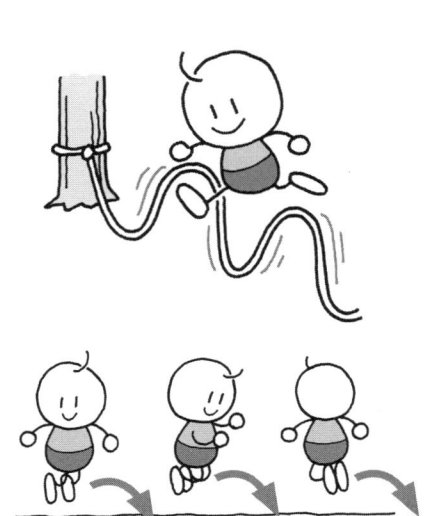

回転跳び

　大人が円の中心で、地面すれすれに縄を回します。子どもは縄のちょうど端のところに立ち、近づいてくる縄が足に当たらないよう、タイミングを合わせて両足でジャンプします。

足かけ回し

　片方の足に縄をくくりつけて、縄を回し、もう片方の足は回ってきた縄を飛び越えます。両足の複雑な動きをリズミカルに続ける必要があります。

くぐりぬけ

　大縄で波をつくったり、大きく回したり、揺らしたりするなかを、タイミングよく、くぐりぬけます。縄を、ゆっくり、高く回すと、くぐりぬけやすいでしょう。低く回すと、くぐりぬけるときの速さ、タイミングがよりむずかしくなります。

フラフープなわとび

　フラフープをなわとびのように回して跳びます。フープを回すための手首や手のひらの微妙な力のコントロール、フープの大きさに合わせた跳ぶときの姿勢のコントロールなど、なわとびとは一味ちがう体の使い方を体験できます。

ひとり前跳び

　ひとり前跳びは、両手で縄を回しながら、その縄を両足でジャンプし跳び越えます。前跳びだけでなく、後ろ跳びや走り跳びなど、さまざまな種類があります。

　自分で縄をリズミカルに回しながらタイミングよく跳ぶという、両手両足の協調運動がポイントです。さらに、縄を上手に回すためには、グニャッとした縄という道具の特

性をつかむことも必要です。つぎの運動の準備をするための姿勢がしっかりと保ち続けられていることや足の接地とジャンプのタイミングを合わせることも必要となります。

●ステップ1　縄を回してみる

最初は跳ばずに、頭の上で、肩の横で、体の前で、縦に横に回します。縄が今どのように回っているのか、縄から伝わってくる力の加減によって、縄の回っているスピードや方向を感知することができるようになります。

●ステップ2　跳びやすいなわとび

一般的ななわとびは10センチ程度のグリップが縄の両端に付いているだけですが、グニャグニャした縄を勢いよく回すことがむずかしいばあい、持ち手の棒を長くしたり、縄の真ん中に棒を入れたりして縄の割合を少なくすることで操作しやすく、跳びやすくなります。簡単に持ち手を長くできる、「なわとび練習機」という物もあるようです。また、なわとびの長さを子どもに合わせることも大切なポイントです。

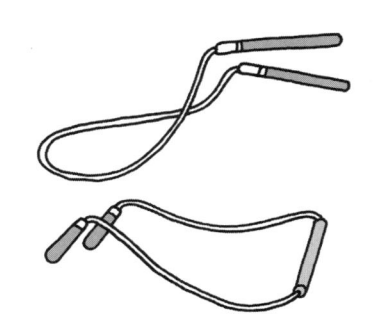

●ステップ3　回してピョン！

縄を両手で持ち、足元の縄（棒）を、片足ずつでもいいので、越えさせます。越えた縄を回してジャンプする動作をくり返します。つぎに両足ジャンプで、飛び越えます。

●ステップ4　揺らしてピョン！

縄を両手で持ち、足元の縄を、前に、後ろに、跳び越えさせます。慣れてきたら、自分で縄を揺らしながら、前に後ろにできるだけ連続して跳んでみます。

ちょっと気をつけて

●なわとびが苦手なばあいは切り替えを

なわとびは多くの学校で取り入れられている活動ですが、感覚統合に苦手さを持っている子どもたちにとっては、難しすぎることもあります。本人にチャレンジしたい気持ちがあればスモールステップで取り組んでいきますが、すでに苦手さを強く感じているばあいや、なわとびを跳ぶための運動の力が十分に育っていないばあいは、なわとびの練習を継続することで子どもの自信がより低下してしまう可能性もあります。そのようなときには、その子どもが努力することで達成できる活動に切り替えてあげることも必要です。

⑩ アスレチックあそび

　アスレチックでは、ジャンプやバランス、物につかまるなどさまざまな運動を体験できます。まさに野外の感覚統合療法室と呼んでもよいでしょう。

あそびの意味とポイント

のぼり棒

　手足にしっかり力を入れてギュッと棒につかまり姿勢を保つことが必要です。自分で登ることがむずかしい子どもは大人が棒につかまる姿勢をとらせてから、何秒間つかまれるかを競争します。

うんてい

　まずは手にしっかり力を入れて、うんていにつかまるところからはじめます。上手につかまれるようになったら、前に進みます。前に進むには、片手はうんていをしっかりと握りながら、もう片方の手足をタイミングよく一緒に、重心を移動しながら振り出す動きが必要です。上達したら1つとばしにチャレンジさせてみましょう。

ターザンロープ

　ターザンのように、両手はロープを持ち、両足は吊ってあるロープの止め具（結び目）に引っかけて乗せ、滑車を滑っていきます。最初に体を引き寄せてロープにつかまることがむずかしい子どもには、大人が子どもの体を支えてサポートします。風を切るスピード感、タイヤにぶつかるドキドキ感、衝突の衝撃を味わうのはなかなか楽しいものです。

くもの巣登り

　ロープをくもの巣状に張った斜面を登っていきます。体を固定しながら、手でロープをしっかり握り、足をロープに引っかけながら、交互に手足を動かしていく運動が必要です。ロープは丸太などと比べると姿勢が不安定になりやすく、ロープの隙間から下が見えることで怖くて登れない子どももいますので、注意が必要です。

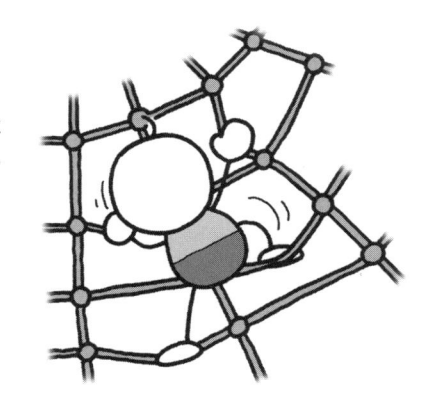

なまけもの渡り

　丸太に逆さにぶら下がります。手足で自分の体重を支えるために、筋肉にしっかり力を入れなくてはなりません。まずは丸太にぶら下がる姿勢をとることからはじめます。上手にぶら下がることができるようになったら、前に進ませます。

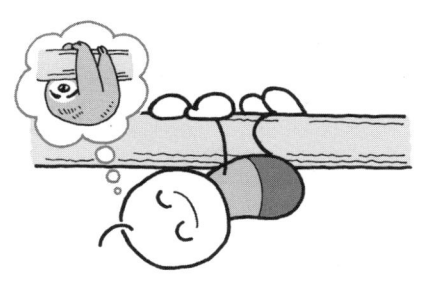

斜面登り

　ロープを利用しながら、急な斜面を登っていきます。手足の両方をうまく使いながら登っていくことが必要になりますが、登っていく面が安定しているので比較的取り組みやすいあそびです。

自転車、おもしろ自転車

　自転車は手軽にスピード感を楽しむことができます。平坦な道だけではなく、でこぼこ道を進むと、スピード感だけではなく、ガタガタとした振動（固有受容覚刺激）も楽しむことができます。

　おもしろ自転車という変わった形の自転車もあります。そのなかには、腰の上下の動きや両足を開いたり閉じたりすることで進む自転車などがあり、ふつうとはちがった運動をかんがえながらおこなうことができます。2人乗りの自転車では、相手のペースに合わせて自分の体を動かす体験もできます。

第5部　感覚統合を育む　やってみる17種類の外あそび

⑪ プールあそび

　プールは、陸上ではできない姿勢をとったり全身の刺激を得ることができる、感覚統合にとって非常に魅力的な場所です。速く泳げるようになることも大切ですが、水の中でもっとさまざまな動きを体験することで、感覚統合が促されます。

あそびの意味とポイント

歩こう・走ろう

　プールの中で歩いたり走ったりすると、水の抵抗を全身に受けるため、普通に動くときよりも全身の筋肉を働かせる必要があります。全身の固有受容覚刺激を受け取ることになるため、固有受容覚の感覚欲求を満たすことができます。

　自分の体の動きに合わせて水の抵抗を感じるため、体の動きや場所を意識しやすくなり身体図式の発達を促します。前歩き、後ろ歩き、横歩きなど、いろいろと姿勢を変えて歩いてみると、陸上を歩くときには意識されにくい部分も感じやすくなります。

くぐってみる、もぐってみる

　水中にフラフープを沈めて、その中をくぐってあそびます。輪の中をうまくくぐることができるように体を動かすためには、自分の体の大きさや向きを意識して運動するようにします。プールの底にある碁石などを、もぐって拾うあそびも子どもたちに人気です。

ゆらゆら、フワフワ浮かぶ

浮き袋には、ドーナツ型や棒型、いかだ型のもの、シャチなどさまざまな形をしたものがあります。これらの浮き袋にまたがって乗ったり、つかまって落ちないようにあそびます。姿勢を保つ力や腕の力、体のバランスが必要です。大きく揺らすと、これらの力をより高めることができます。

はこんではこんでゲーム

フロート（水に浮く板状のもの）の上に乗っている人をゴールまで引っ張っていくゲームです。どんな運び方でもいいので、乗っている人を落とさずに、できるだけはやく押したり引いたりして運びます。運んでいる人は、水の抵抗に打ち勝ちながら、フロートが傾かないように運ぶ能力が必要ですし、運ばれている人は、バランスをとって落ちないようにします。

水中つな引き

水中でのつな引きは、地上でやるよりも踏ん張ることがむずかしく、バランスも必要です。

ウォータースライダー

スピード感を楽しみ、前庭覚の感覚探求を満たす遊具です。座った姿勢よりも寝た姿勢のほうがスピードが増します。姿勢を変えて、スピードのちがいを体感させます。

12 遊園地あそび

　遊園地にも、感覚統合の発達に役立つものがたくさんあります。自宅では満喫できない感覚や、さまざまな体の動かし方を体験することもできます。また日頃のストレス解消にもなります。遊園地は、子どもから大人まで楽しめる遊具がいっぱいあり、ふだんは味わえないような刺激を楽しめます。

あそびの意味とポイント

ジェットコースター

　強烈なスピード（前庭刺激）を楽しむことができます。直進だけのもの、回転が入るもの、垂直に落ちるものなど、刺激もさまざまです。

回転する乗り物

　でんぐり返しとおなじような回転刺激が楽しめます。

コーヒーカップ

　強い回転刺激を自分のペースで楽しめます。日頃、自分でくるくる回るのが好きな子どものお気に入りになるかもしれません。

ゴーカート

　スピードや動きを自分でコントロールできる楽しさがあります。タイミングよくハンドルを操作したり、同時に手（ハンドル）、足（アクセル）を操作する複雑な運動の力を育みます。直進の刺激は大丈夫でも回転が苦手な子どももいますので、近くで見守る必要があります。

メリーゴーランド

　スピードがゆっくりなので、小さい子どもでも乗ることができる刺激が優しい乗り物です。年齢や発達状態に合わせて楽しむことができます。

観覧車

　ふだん体験することができない高所の感覚と眺めを楽しむことができます。高い所に登りたがる子どもはよいかもしれません。

お化け屋敷

　感覚が過敏な子どもは、突然、自分に向かってくる刺激が苦手です。また視覚が使えない「お化け屋敷」では、刺激の予測ができませんので、非常に不安な状態になります。無理に入らないようにしましょう。

ボート

　オールを動かす方向や両手の力の入れ方によって進む方向が決まります。自分が行きたいところにいくには、どのように体を動かしたらいいのかかんがえ、両手を協調させてこぐ技術が必要です。下半身の姿勢もしっかり安定させて体を動かさないとうまく力が入りません。

もぐらたたき

　力を入れることが好きな子どもにおすすめです。またもぐらの動きを見た瞬間に素早く手を動かさないといけないので、目で位置を確認する力や、たえず全体に注意を向けておく力などを育むことができます。ストレスの発散にも効果的です。

⑬ 公園で木登りあそび

　木登りには、公園にあるジャングルジムやのぼり棒よりも複雑な体の使い方が必要です。枝のつき方に合わせて自分の体を動かし、つぎにどの枝につかまるか、足をのせるかなどをかんがえて登ります。木は触り心地、木の太さ、てっぺんまで登ったときの景色など、一本一本ちがう特徴を持っていますので、さまざまな感覚を感じることができます。

　木の高さ、大きさなど、子どもに合った木を選ぶことも大切なポイントです。最初に安全を確かめる意味で、高さや足場の不安定さなどを大人が登って確認しましょう。もし子どもが降りることができなくなったときに助けてあげられる高さであるかなど、注意する必要があります。また落ちたときけがをすることのないよう、周りに危険なものがなく、地面がやわらかい場所を選びましょう。

⑭ スケート・ローラースケートあそび

　はじめのうちは、立っているだけでもバランスをとるのがむずかしいので、子どもが過度に怖がることがないように手すりを持ちながら立ち、少し足を動かして滑らせてみることから慣れていきます。

　はじめのうちは自分で進むことがむずかしい子どももいますので、保護者が手を引いて滑るとよいでしょう。滑れるようになると動きの感覚（前庭覚）を満たすことができる効果的なあそびです。

⑮ そりあそび・スキーあそび

　スピード感があるスポーツで、動きの感覚（前庭覚）の感覚要求を満たすことができます。滑りながら方向を定めるためには、足底にかかる圧を感じながら、重心を左右に移動するための体の運動が必要です。スキー板をつけたまま方向転換するためには、板の長さをかんがえた足の使い方やバランスが必要です。スキーがむずかしい子どもには、そりすべりなどがおすすめです。

⑯ 乗馬体験

　乗馬は発達障害児の療育活動の１つとして注目されてきています。発達障害児向けの乗馬サークルなどもありますので、そのような場所を利用されると安心です。
❶馬の背中に乗って進むとき、上下に大きく揺れる刺激に対して落ちないようにバランスを保ちながら筋肉にしっかりと力を入れる必要があります。
❷上手に馬に乗れるようになったら、馬の上で手を離したり、ボール投げに挑戦させてみましょう。馬上でバランスをとるだけではなく、姿勢を一定に保ちつつ手綱を操作するので、難度が上がります。
❸馬にブラッシングしたり鞍（くら）を付けたりするとき、馬の毛のふさふさした感覚を味わったり、エサをやるときに何ともいえない馬の舌の触感を感じたりすることができます。このように乗馬はたくさんの豊かな感覚を与えてくれます。
❹健康用品として乗馬マシーンも発売されています。おもちゃとして買うにはちょっぴり高いですが、電機・家電製品屋さんに行って試乗体験をしてみましょう。

17 山登り体験

　登山は、平坦な道を歩いているときと比べると、体の傾きや動き（前庭覚）、筋肉や関節からの感覚（固有受容覚）の情報をより必要とします。

　その感覚からの情報をきちんと得ることで斜面、岩場のでこぼこを転ばないように進むことができます。岩場や木の下をくぐるときには、自分の体の大きさ（身体図式）を把握し、その場面、障害物に応じて体を動かさなくてはなりません。また登山は、でこぼこに合わせて筋肉や関節にしっかり力を入れることが必要です。

　登山は全身の固有受容覚の感覚欲求を満たしてくれるよい活動ですが、苦手な子どもも多いようです。子どもの体力に合わせて低い山から始めてみるとよいでしょう。

　見通すことが難しい子どもには、地図を見ながらあとどのくらいの距離を歩くのかを確認しながら進むとよいでしょう。また暑さに弱い子どもも多いので、涼しいときに、水分を十分に用意して行きましょう。

使ってみよう・つくってみよう

感覚統合療法で使われている感覚グッズ

　特定の感覚を過度に好む子どもたちがいます。感覚統合療法では、このような感覚欲求を「センソリーニーズ」と呼び、子どもたちの楽しみのために活用することもあります。

　子どもたちがくり返しおこなっている変わった癖、たとえば自分の体や物を触り続ける、何かを噛み続ける、手をヒラヒラさせるなどの行動は、センソリーニーズを満たすためにおこなっている可能性があります。子どもの行動のなかには、子どもの好みの感覚が隠されていることもあるのです。

触覚・固有受容覚グッズ

　何でも触りたがる子どもたちや、何か触っていないと落ち着かない子どもたちにおすすめのグッズです。

●のびーる
　グニャッと伸びるひもの形をしたおもちゃや、体が伸びるトカゲのおもちゃ、中に水が入っていて握るとプルプルするおもちゃなどがあります。大人からみると気持ち悪いものも多いのですが、子どもたちには大人気なのです。

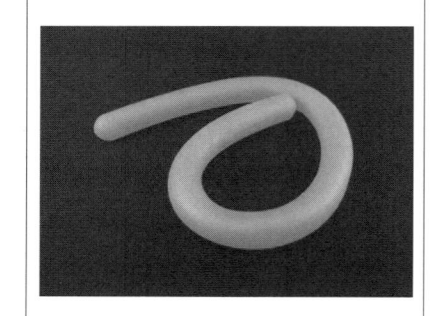

●スライム　（ダイアックス社製）
　ベタベタあそびで人気なのは、スライムです。洗濯のりを使って家庭でも簡単につくることができます。ダイアックス社の「バルーンスライム　ふうせんねん土」でつくると、べたつきの少ない伸びのよいスライムをつくることができます。

前庭覚・固有受容覚グッズ

　日常生活のなかでも絶えず動き回っている子どもたちは、動きを止めさせてしまうと逆に落ち着きがなくなります。むしろ積極的に動きを取り入れるほうが調子がよい子どももいます。

●ギムニク　ディスコシット　ジュニア
（レードラプラスティック社製）
　空気の入ったクッションです。いすの上に座布団として利用することで、いすにじっと座っていられない子どもに、座ったまま適度な動きの刺激を与えることができます。また背筋が伸びない子どもの姿勢を正す動きを促す効果も期待できます。クッションの上に立って、バランスのあそびに使うこともできます。

●ロディ（RODY）
（レードラプラスティック社製）
　空気を入れてあそぶ乗物遊具です。ロディにまたがり、飛び跳ねてあそぶことができます。たくさんの揺れや筋肉への刺激が含まれていますので、体を支える筋肉の力やバランスの能力を高めることができます。

©LEDRAPLASTIC JAMMY

視覚グッズ

　水の流れや散髪屋さんのくるくる回る看板に魅了される子どもたちがいます。子どもが好きな模様の動きに似ているおもちゃを探してみましょう。

●ジャンボプレイこま
（ヴェルクシュタット社製）
　目が回りそうなコマです。模様板は、好みで変えることができます。
　直径25センチの大きなコマですので、両手で擦り合わせるようにコマを回します。

●スターコマ（ゴルネスト＆キーセル社製）
　乳児でも回しやすく簡単に楽しめるカラフルなコマです。表と裏、どちら向きでも回せるのが特徴です。中心の渦巻きと周りの色の変化を楽しめます。

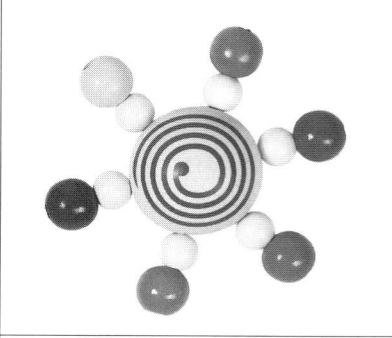

●ドロップモーション（小泉商会社製）
　雑貨屋などで売られている癒しグッズです。上からカラフルなオイルが流れ落ちます。ゆっくりとした模様の変化をじっと眺めている子どももいます。

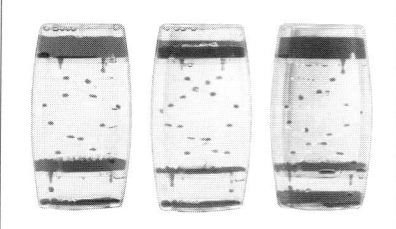

●ペットボトル（手づくり）
　ペットボトルの中に水とビーズやスパンコールを入れてつくります。ペットボトルの両端を両手で持ち、上下に向きを変えると、水やビーズが下方に移動し、見た目に楽しいおもちゃです。

手の器用さを育むおもちゃ

　腕を使って投げる、指先でつまむ・押す、両手を使って操作する、順序に沿って動作する、道具を使いこなすなど、子どもたちの育ちに必要な要素を含んだ、あそんで楽しいさまざまなおもちゃがあります。

●オーボール（キッズツー社製）
　網目状のボールです。網目に指を引っかけて扱うこともできるので、指先が使いにくい子どもでも持ち上げることができます。弾力性もあり、安全にあそぶことができます。

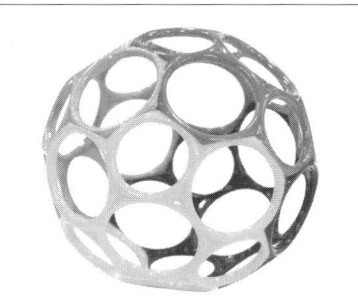

●ゆらりんタワー（フィッシャープライス製）
　大きさの順番をかんがえながら、リングを棒に通していきます。両手を使ってリングを移動させたり、大きさをくらべてみたりすることができます。

©2012 Mattel, Inc. All Rights Reserved.

●ルーピング（ジョイトーイ社製）
　くねくねとまがった棒にさしてあるビーズやおもちゃを動かしてあそびます。棒に手を沿わせて動かしていくことで、手を3次元的に動かしていくことや、はじめから終わりまでの関係性などが体感できます。

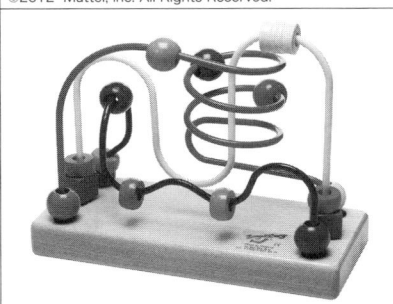

●竹水鉄砲（和風雑貨CPO社製）
　片方の手でしっかり持ちながら、もう片方の手で棒を押すと、水が出てきます。両手をうまく役割分担し、持続的に力を入れることを体感できます。

●かえるさんジャンプ（バイキングトイ社製）
　指先で押して、カエルを跳ねさせて動かすあそびです。微妙な指先の押し加減や押す場所でカエルの跳び方がちがってきますので、子どもたちは、自然と、細かな力の調整を体験することができます。

●ままごと（エドインター社製）
　マジックテープでつながっている野菜や果物のままごと食材をおもちゃの包丁で切ることができるおもちゃです。両手でおもちゃをくっつけたり離したり、片手で食材を支えもう片方の手で包丁を持つなど両手を一緒に使う練習になります。

●パロ（レシオ社製）
　ハンマーで玉を叩くとポトンと落ちて、下の穴から転がり出てきます。ハンマーが上手に使えないうちは手のひらで押し込んであそびます。ポトンと落ちるときの感覚がなんとも心地よいおもちゃです。ハンマーを使ったおもちゃあそびを通して、子どもたちは道具を使いこなすことを体験できます。

●ひも通し（ハバ社製）
　ひもだけを通すことがまだむずかしいときには、棒の付いたひも通しを使うと、簡単にできることがあります。穴と棒の位置を両手で調整する力を育みます。通す順番など、動作の順序なども体験できます。

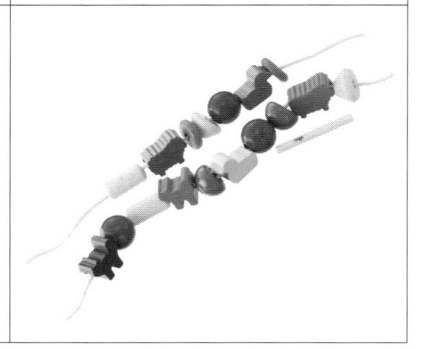

手づくりおもちゃをつくる

自分でおもちゃをつくったり改良したりすると、市販のおもちゃであそぶのとはまたちがった楽しみを味わうことができます。ここでは、身近な素材でできるおもちゃのつくり方を2つ紹介します。

吹き矢

吹き矢を勢いよく吹くと、まっすぐ遠くまで飛ばすことができます。吸ったり、吹いたりするあそびは、口の運動に加えて呼吸にかかわる器官の意識的な運動を促します。

作り方

【吹き矢の材料と道具】
材料：個別包装されたストロー、ビニールテープ
道具：はさみ

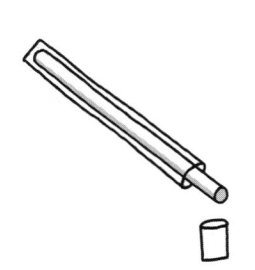

①ストローの袋の端をやぶる

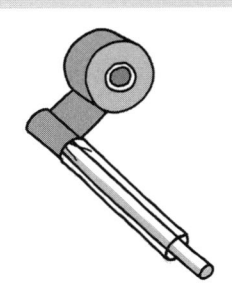

②ストローを奥までさしたまま、ストローの袋の先にビニールテープを2、3重に巻く

③ストローを一度抜いて、途中まで差し込む

吹き矢のあそび方

●的当て

的をつくって、正確に狙えるように練習します。的を動くようにすれば、運動を予測したりする力や集中力を伸ばすことができます。

●飛距離のコントロール

離れた所に得点板を置いて、飛距離をコントロールする練習をすると、吹く力を調整する力を伸ばすことができます。

ストローとんぼ

　ストローとんぼは、両手をすり合わせるようにして飛ばします。そのため、早く回転させるためには、両手を上手に動かさなければなりません。また、軸を挟む手の力が弱すぎても強すぎてもうまく回らないので、両手で挟む力のコントロールも必要です。

作り方

【ストロートンボの材料と道具】
材料：牛乳パック、ストロー　　　　道具：はさみ、ホチキス

①牛乳パックを図の大きさに切る（15cm × 2cm）

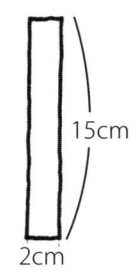

②切った牛乳パックを半分に折る

③ストローの先を指で押さえてつぶす

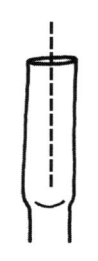

④つぶしたほうのストローの先に2cmくらいの切り込みを入れる

⑤ストローのつぶした部分をもう一度開く

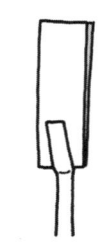

⑥②で折った紙をストローの切り込みに差し込む

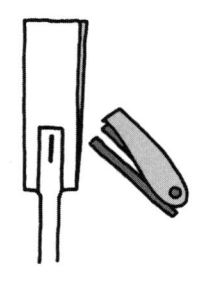

⑦ホチキスでとめる

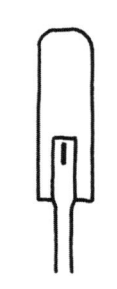

⑧羽根の先を丸く切る

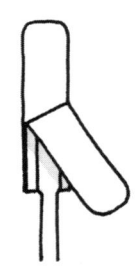

⑨片方の羽根を斜めに折る

⑩裏返して、残りの羽根も斜めに折る

⑪羽根の端をホチキスでとめる

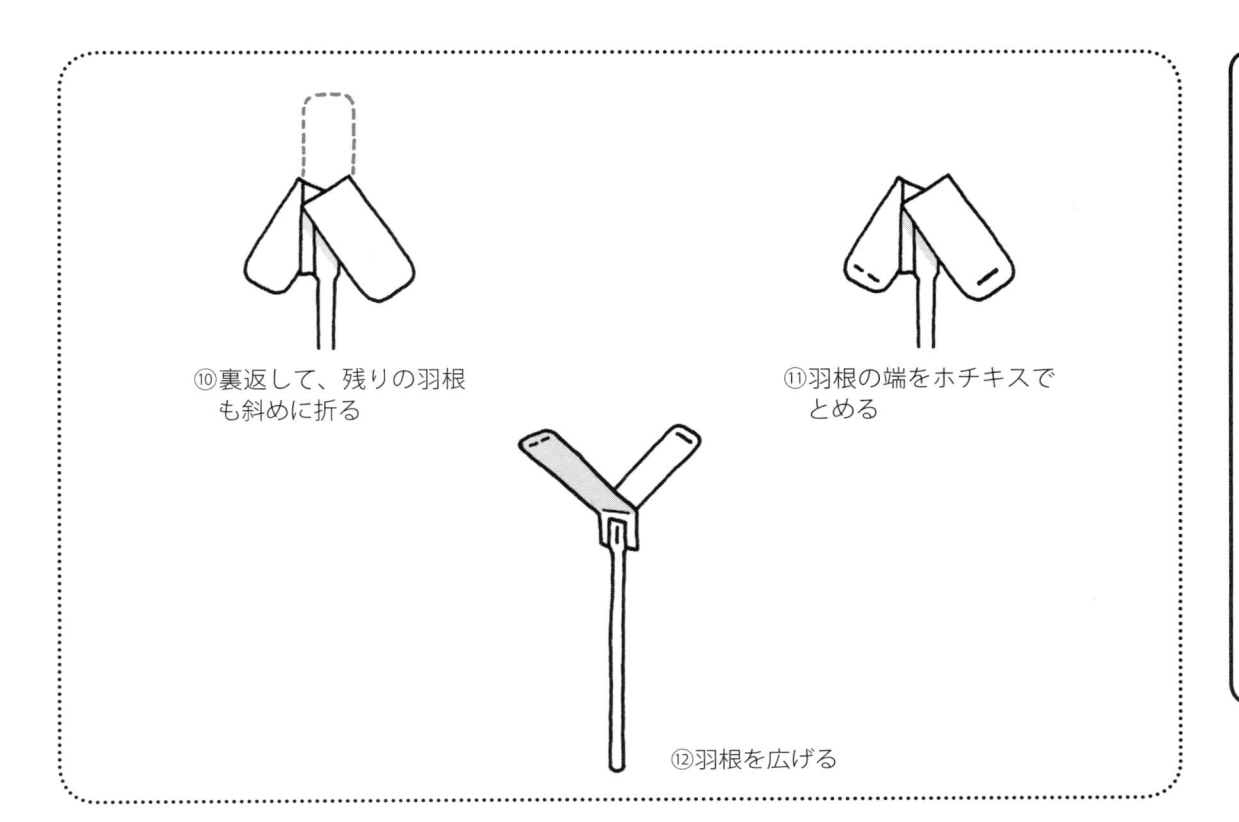

⑫羽根を広げる

ストローとんぼのあそび方

●いろいろな飛ばし方をしてみる

　両手を動かすのがむずかしければ、片方の手を固定して、もう一方の手を前に押し出すようにすれば、飛ばすことができます。そして、両手をゆっくり動かして練習し、だんだんと速く回転させます。上手になってきたら、竹とんぼのように細い軸に挑戦してみたり、ストローの下のほうを人差し指と親指でつまんで回してみたりします。

●いろいろなストローとんぼをつくる

　羽根の大きさや角度、ホチキスの重りをいろいろと変えて、よく飛ぶストローとんぼをつくります。また、羽根を回転させると、きれいな模様が見えます。動く模様をしっかりと目でとらえる練習にもなります。

●ゲームをする

　ストローとんぼを飛ばして再びキャッチするまでに何回手を叩けるか競ったり、飛ばしたストローとんぼを何人かで取り合いっこすると盛り上がります。

感覚統合療法がめざすもの

感覚統合にあふれた一日

朝のかみかみ（野菜スティック）、
冷たい飲み物　朝食

乾布摩擦

散歩を兼ねた遠回りの通園

園庭であそんでからお集まり
ブランコあそび、砂あそび

保育園での待ち時間の
クネクネグッズ
（持ち歩くグッズ）

- 保育園の押入れで休憩（キラキラしたものを暗闇でじっと見ている）
- 外あそび　川あそび
- 家のソファーからジャンプを楽しんでいる
- お米をとぐお手伝い
- お風呂アワアワあそび 
- 寝る前のマッサージ

感覚統合療法とあそび

　感覚統合療法では、あそびを用いて治療をおこないます。それは、子どもが自らなにかをするときに感覚統合の機能が発揮されやすいためです。ですので、感覚統合療法の治療場所は、まるであそび場のような道具がそろっています。

　専門家が治療として感覚統合療法を用いる場合には、子どもの苦手な部分の発達を効果的にうながすために、まず療法士が子どもの感覚統合検査をし、その結果に基づいて子どもに提供する活動（あそび）を決めます。

　医療機関や療育機関に通っている子どもであれば、そこの専門家や支援者にどのようなあそびがよいのかをアドバイスしてもらい、それに応じた家庭でできるあそびに取り組まれるとより効果的でしょう。特別な治療や療育・教育の場も大切ですが、生活のなかのあそびは、毎日くり返されることで子どもの発達により大きな影響を与える可能性があります。

　専門家のアドバイスがない場合でも、家庭で取り組んだあそびが子どもにとって適切であるのかどうかは、子どもが教えてくれるはずです。感覚統合がうまく働いているとき、子どもは、そのあそびに熱中し最高の笑顔を見せてくれることでしょう。もし子どもが嫌な顔をしたり、やりたがらないようであれば、そのあそびは、子どもの今の状態には、あまり適切でない可能性があります。とくに感覚過敏の子どもに、無理矢理そのような刺激が多く含まれる活動を提供することがないように注意が必要です。

　感覚統合療法の考え方をもとにした家庭でできるあそびやアイディアは、障害の有無に関わらず、感覚や運動を中心に子どもの全般的な発達を促すことができます。そして豊かな感覚運動経験は、子どもたちの生活をもっと豊かにしてくれるでしょう。家庭でできるあそびは、ぜひ、保護者の方も一緒に楽しみながらおこなって頂きたいと思います。

　前ページでは、感覚統合療法の目指すものとして、感覚統合にあふれた一日のすごし方のモデルケースをご紹介しています。すぐに生活に取り入れやすいものですので、ぜひ参考にしてみてください。

●●● あとがきにかえて

　感覚統合療法は、支援の方法を見いだすための考え方で、具体的な方法が明確に決まっているわけではありません。個々の子どもに必要な感覚統合の要素を、個々の子どもの興味や楽しみ方に合わせてあそびとして提供します。

　子どもに必要な要素は、子どもによって違いますので、ある子どもにとって楽しいあそびが、他の子どもにとっては苦痛でしかないあそびであることもあります。個性的な特性を持つ発達障害児にとって良いあそびとは、人それぞれですので、ひとりひとりにオーダーメイドのあそびが必要なのです。

　本書で紹介したあそびは、言わば基本メニューに過ぎません。この素材を活用し、ぜひ、個々の子どもに最適なオリジナルメニューを作っていただきたいと思います。専門家からの助言や本書のようなアイディア本をどんどん参考にしてもらいたいと思いますが、それにあまり振り回されないようにしてください。

　医療機関や療育施設でおこなわれている感覚統合療法は、ブランコやトランポリン、平均台などの運動器具を活用しておこなうことが多いので、一見、そのような運動技能を習得することを目標にしているように見えるかもしれません。確かに、上手にジャンプする能力やバランス力などを高めることは大切なことですが、感覚統合療法が目指している最終目標は、子どもたちが、そのような力を使って、さまざまな環境や状況を乗り越えることができる適応力（生きる力）を育むことにあります。

　感覚統合を通して、環境に対する脳と体の適応力が高まり、「やりたいことに満ちたアタマ」「やりたいことができる体」「できる！　という実感」（自己効力感）を発達させることが目標になっています。その力は、自律する力であり、人生を楽しむ力につながります。

姫路獨協大学客員教授
太田篤志

●著者紹介
太田篤志（おおた・あつし）

プレイジム・代表
日本感覚統合学会・理事
日本スヌーズレン協会・理事（会長）
日本自閉症スペクトラム学会・理事

学童保育・保育園、重症心身障害児施設での作業療法に従事した後、広島大学医学部・学部内講師、姫路獨協大学医療保健学部・教授などを歴任。感覚統合機能検査（JPAN感覚処理・行為機能検査、JSI-R等）の研究開発に携わるとともに、療育センター、小中学校・特別支援学校などの現場にて感覚統合理論やスヌーズレンの考え方に基づく実践を支援。2012年に姫路獨協大学教授を退任し、客員教授に就任。2014年、（株）アニマシオンを設立。児童発達支援・放課後等デイサービス・保育所等訪問支援事業所プレイジムの運営に携わりながら、子どもにとって意味ある作業（活動）を用いた発達支援、オープンゴールの理念を重視したアニマシオン活動の実践、インクルーシブ保育の実現に向けた取り組みを行っている。

●執筆協力および資料提供者
立道典子、中川雅史、橋本健治、浜崎奈美恵、平岡明子、
藤石亜希子、村上亮子、山美代子、清原英子

組版・イラスト　Shima.
装幀　守谷義明＋六月舎

イラスト版発達障害児の楽しくできる感覚統合
──感覚とからだの発達をうながす生活の工夫とあそび

2012年10月31日　第1刷発行
2021年 9月30日　第5刷発行

著　者　太田篤志
発行者　坂上美樹
発行所　合同出版株式会社
　　　　東京都小金井市関野町1-6-10
　　　　郵便番号　184-0001
　　　　電話　042（401）2930
　　　　振替　00180-9-65422
　　　　ホームページ　https://www.godo-shuppan.co.jp/
印刷・製本　株式会社シナノ

■刊行図書リストを無料進呈いたします。
■落丁乱丁の際はお取り換えいたします。

本書を無断で複写・転訳載することは、法律で認められているばあいを除き、著作権及び出版社の権利の侵害になりますので、そのばあいにはあらかじめ小社宛てに許諾を求めてください。
ISBN978-4-7726-1090-2　NDC378　257×182
©Atsushi Ota, 2012